本书获得国家自然科学基金项目"创业型领导对新企业组织韧性的影响机制：基于情绪传染的多层次研究"（编号：72262001）、国家自然科学基金青年项目"突破习惯领域：基于创业学习过程的创业者经验对新创企业双元机会识别和绩效的影响机理研究"（编号：71602028）的资助。

组态视角下新企业组织韧性的 多元驱动路径研究

ZUTAI SHIJIAO XIA XIN QIYE ZUZHI RENXING DE
DUOYUAN QUDONG LUJING YANJIU

汤淑琴　汤培成◎著

经济管理出版社
ECONOMY & MANAGEMENT PUBLISHING HOUSE

图书在版编目（CIP）数据

组态视角下新企业组织韧性的多元驱动路径研究 ／ 汤淑琴，汤培成著. -- 北京：经济管理出版社，2025. 6. -- ISBN 978-7-5243-0363-3

Ⅰ. F272.3

中国国家版本馆 CIP 数据核字第 2025942DW8 号

组稿编辑：任爱清
责任编辑：任爱清
责任印制：许　艳
责任校对：蔡晓臻

出版发行：经济管理出版社
　　　　　（北京市海淀区北蜂窝 8 号中雅大厦 A 座 11 层　100038）
网　　　址：www.E-mp.com.cn
电　　话：（010）51915602
印　　刷：唐山玺诚印务有限公司
经　　销：新华书店
开　　本：720mm×1000mm/16
印　　张：12
字　　数：220 千字
版　　次：2025 年 7 月第 1 版　　2025 年 7 月第 1 次印刷
书　　号：ISBN 978-7-5243-0363-3
定　　价：88.00 元

前　言

市场环境的易变性（Volatility）、不确定性（Uncertainty）、复杂性（Complexity）、模糊性（Ambiguity）（以下简称 VUCA）特征已经成为一种常态，这种常态成为业界和学界的共识，对组织的生存与发展提出了新的挑战。新企业作为兼具高成长性与高风险性特征的开拓型企业，对于国家经济增长和就业机会的创造具有至关重要的作用，是组织重要的存在形式之一。VUCA 特征日益显著的创业环境对中国绝大多数企业而言都是巨大的考验，尤其是新企业，因为新企业普遍缺乏应对重大危机的事先预备与事前戒备的资源基础。在具有 VUCA 特征的环境下，如何突破资源约束和"新生弱性"的限制，应对生存和发展挑战，是新企业需要解决的重要现实问题，组织韧性为回答该问题提供了研究视角。塔勒布所著的《反脆弱》一书中开篇的一句话是："风能够熄灭蜡烛，但是也能使火越烧越旺。"我们需要思考的是：组织韧性构建对于中国新企业具有独特意义，面对诸多的不确定性和逆境，新企业如何主动认知风险、抵抗不确定性和构建反脆弱机制，甚至实现反思改进，最终转危为机，获得逆势成长。

面对 VUCA 市场环境带来的冲击和挑战，新企业不仅需要学习在短期内如何迅速反应并调整适应，更应该关注如何增强组织自身应对环境变化的"免疫力"，提升和培育新企业抵御重大风险和危机的能力和属性，以保证其能够持续健康地生存与长远发展。组织韧性与导致战略更新的创业反应有关，是企业应对外部环境威胁和经营压力并从中快速恢复，甚至在逆境下"转危为机"以实现茁壮成长的能力。危机（如自然灾害、流行病、经济危机、地缘政治冲突等）在给组织的生存和发展带来重大威胁和挑战的同时，也可能为组织提供重大成长机遇，韧性高的新企业能够成功地实现转"危"为"机"。在 VUCA 的市场环境下，新企业如何构建组织韧性，并反思和转型，成为新企业存活甚至撬动未来发展的重要因素,这是本书研究关注的核心问题。

本书研究基于 Timmons 创业过程模型理论的观点,将创业者、资源和机会三个要素纳入同一框架以系统分析新企业组织韧性构建问题,探究创业警觉性、资源整合以及机会识别三个条件变量如何驱动新企业在 VUCA 环境下,有效抓住商业机会,进行组织资源整合,最终提升新企业组织韧性。以 263 个新企业样本作为研究对象,采用模糊集定性比较分析方法(fsQCA),尝试探索新企业组织韧性形成的多类条件组态。首先,采用必要条件分析法(NCA)研究单个前因条件在某一特定新企业组织韧性水平下的必要性;其次,进一步从组态视角运用 fsQCA 方法探究创业过程的三要素,即创业者(创业警觉性)、资源(资源整合)和机会(机会识别)如何联动影响新企业组织韧性,得出实现高组织韧性和非高组织韧性的条件组态,并结合案例详细讨论各路径对新企业实现高组织韧性的策略启示。

综合采用 NCA 和 fsQCA 进行数据分析发现两个问题:

第一,NCA 的结果表明,仅有搜索与扫描、资源耦合和可行性识别是实现某一特定水平组织韧性的必要条件,新企业组织韧性的构建并非依靠单一条件的线性作用,而是多种要素协同联动的结果。

第二,fsQCA 的条件组态分析结果显示,存在三种差异化显著的高组织韧性驱动路径:①第一种是创业警觉性和机会识别双核心驱动型组态,具体是以创业警觉性与机会识别为核心,通过搜索与扫描、关联与连接、可行性识别与盈利性识别的协同作用,结合资源内聚或资源耦合能力,形成信息整合与机会评估的双重驱动力;②第二种是搜索与扫描和机会识别双核心驱动型组态,具体是聚焦搜索与扫描的广度优势,强调其与可行性识别、盈利性识别的动态匹配,在资源整合能力加持下实现机会窗口的精准捕捉;③第三种是基于三要素部分因素核心驱动型组态,具体是通过关联与连接、评估与判断及可行性识别的组合效应,弥补搜索能力的不足,凸显资源动态调整的补偿机制。非高韧性案例的对比分析表明,关键条件缺失或低水平组合是制约韧性生成的主要障碍,尤其是评估与判断、资源整合和可行性识别的协同失效会显著削弱组织应对危机的能力。

本书的研究聚焦当前创业领域和组织管理领域关注的焦点问题——组织韧性,现有大多数组织韧性研究,无论是概念性还是实证研究,均是以大型或多以事业单位的企业为研究对象,只有少数学者关注新创或中小企业的组织韧性问题,对新企业的组织韧性构建问题缺乏足够的解释。因此,本书基于当前理论研究存在的缺陷和不足，整合资源基础理论和 Timmons 创业过程模型理论，从创业者、资源以及机会三个要素出发，探讨创业警觉性、资源整合和机会识别如何联动影响新企业组织韧性。本书的研究有助于弥补现有组织韧性、新企业创业行为相关研究的不足，具有较高的创新性，具体表现为以下两个方面：

第一，基于 Timmons 创业过程理论，将创业者、资源和机会三个要素纳入同一框架以综合解释新企业组织韧性构建问题，从既有研究的单一视角转向系统视角，较为全面、系统地解析新企业组织韧性构建机制问题，深化和拓展了新企业组织韧性的理论研究。

第二，本书基于组态视角，采用 fsQCA 方法，探讨新企业组织韧性的多种前因条件间复杂互动的并发作用，并结合典型案例分析，揭示新企业实现高组织韧性的多元驱动路径。基于组态视角展开研究有助于分析实现高组织韧性和非高组织韧性的多重复杂条件组合，与分析单个因素与结果的关系相比，更贴合多种因素同时存在共同作用的复杂管理情境，进而能为新企业组织韧性提供更有实践意义的多元驱动路径。本书的研究揭示了驱动新企业组织韧性的复杂多元路径，丰富了新企业组织韧性的研究视角。

汤淑琴

2025 年 6 月

目　录

第一章　绪论

第一节　研究背景

当前的市场环境变化莫测，"黑天鹅""灰犀牛"等高影响力、低概率和不可预测逆境事件频发，如自然灾害、地缘政治冲突、金融危机、逆全球化浪潮和新冠疫情等。以上现象反映出市场环境的易变性（Volatility）、不确定性（Uncertainty）、复杂性（Complexity）、模糊性（Ambiguity）（以下简称 VUCA）特征已成为一种常态，成为实践界和理论界的共识，这种独特的环境对组织的生存与发展提出了新挑战（赵沁娜和王姗姗，2024）。在市场环境瞬息万变、各类短期与长期风险叠加并快速传导的情况下，企业赖以生存的商业模式与发展路径遭到破坏，不仅面临资源约束的新企业纷纷倒闭，甚至不少行业中的领军企业也濒临破产（钱悦等，2024）。面对 VUCA 环境带来的巨大变化，新企业的生存和快速发展依赖于自身对不确定环境的适应能力，为了适应复杂环境的竞争压力，新企业需要提高其应对危机和逆境的反弹恢复与反超优化的能力，即构建较强的组织韧性（Organizational Resilience）。大量理论研究和实践观察发现，具备强组织韧性的新企业往往表现出较高的灵活性以及快速识别威胁与机遇的能力，进而促使新企业能够减缓其面临逆境和危机时的经营波动和中断，提升其在 VUCA 创业环境中的生存与成功的概率（Anwar et al.，2021；张公一和孙晓欧，2013）。动态能力理论的观点认为，面对 VUCA 环境，组织韧性是新企业快速应对危机并且及时做出响应所必不可少的特征，具备较强韧性的新企业不仅能够抵御外部环境变化带来的冲击，还能够时刻对内外部环境保持警惕，提前预测和感知危机，并做好应对行动所需要的资源和能力准备（王娟茹和刘洁怡，2024）。

新企业作为兼具高成长性和高风险性特征的开拓型企业，对于国家经济增长和就业机会创造具有至关重要的作用，是组织重要的存在形式之一。相关统计报告的数据显示，虽然我国的创业活跃度非常高，然而现实中新企业的成功率却非常低，中国新企业的存活率与生存发展能力亟待提升（陈娟艺，2019）。我国新企业成功率低和发展能力弱，与高创业活跃度形成了极大的反差，创业者在创业活动中面临"创而难立"的局面，不仅会消磨创业者及团队成员的创业韧性与激情，更严重影响创新型经济的发展（张强等，2024）。VUCA 特征显著的经营环境对于中国绝大多数企业而言都是巨大的考验，尤其是新企业。因为受到新生劣势的影响，新企业普遍面临更为严重的资源约束瓶颈和专业知识缺口，且缺乏足够的声誉和绩效记录来获得客户、供应商及合作伙伴等外部关系，在管理组织身份、构建标准化运作流程和组织惯例等方面均面临较高的成本（汤淑琴等，2015）。在具有 VUCA 特征的环境中，如何突破资源约束和"新生弱性"的限制，应对生存和可持续发展挑战，是新企业需要解决的重要问题，组织韧性为回答该问题提供了理论研究视角。塔勒布所著的《反脆弱》一书开篇的一句话是："风能够熄灭蜡烛，但是也能使火越烧越旺。"我们需要思考的是：组织韧性构建对于中国的新企业具有独特意义，面对诸多的不确定性和逆境，新企业要学会如何能主动认知风险、抵御不确定性和构建反脆弱机制，甚至实现反超优化，最终转危为机，进而获得逆势成长。

Timmons 构建了以机会、资源和创业者为核心驱动因素的创业过程概念框架，认为创业是创业机会、创业资源和创业者/团队这三个核心要素之间相互匹配和平衡的复杂过程。其中，机会是整个创业过程的核心，且多数创业首先是由机会驱动的，识别和选择商业机会是创业的出发点，其次才是开发商机的系列行动；资源是创业过程的必要支撑要素，能够为机会的商业化过程提供基础保障，创业者应该合理地配置内外部资源，并且根据机会和资源之间的不同形式加以整合，进而形成独特的能力，以此来开发商业机会；创业者/创业团队则在机会与资源之间起着调节和匹配作用，在维持各要素间平衡的过程中扮演着决策者角色，并且创业者必须学习如何根据机会开发的要求寻找所需的人才并快速组建团队，同时更要清楚团队成员间必须能够互补和协调（葛宝山等，2013；高洋，2014）。相对于成熟的大企业而言，VUCA 特征显著的时代一系列突发性事件导致新企业的发展面临更多的挑战与风险，在变幻莫测的经营和发展环境中，新企业构建组织韧性同样需要解决三大要素的匹配与平衡问题。如何将有限的资源与动态的机会相匹配，进而创造生存空间、优化企业管理模式、提高发展潜力等成为新企业亟待解决的问题，这些不仅考验着新企业的危机与风险管理能力，也对创业者的机会警觉性及识别能力提出了更高的要求。

在面临逆境和危机时，如何识别可行且盈利的商业机会对于新企业构建组织韧性具有重要的影响（李平和竺家哲，2021）。机会与危机相伴而生，风险并不能呈现有利结果，但是机会可能会带来收益，新企业本身面临新生劣势，其生存和发展较大程度依赖于对商机的把握，因为创业机会具备有价值性和不确定性双重特征，机会识别与开发新利润单元积极相关（王朝云，2010）。对于资源要素，Timmons强调创业者应该有效地整合与配置内外部资源，并且根据机会与资源之间的不同形式加以整合从而形成一种独特的能力，进而实现机会的商业化（高洋，2014）。新企业在高度模糊和不确定的动态环境中要具备创造性地捕捉机会、整合资源和构建战略、解决创业问题的能力。Duchek（2020）研究认为，资源可用性对组织韧性具有显著的积极影响，能够提高企业的预期能力、应对能力和适应能力。在新企业组织韧性的构建过程中，创业者扮演着应对不确定性问题时进行商业判断和决策的重要角色，创业警觉性对其信息获取和分析具有重要的影响（赵静杰等，2019）。创业警觉性是一种主动搜索和发现机会的能力，警觉性高的创业者能够更加敏锐地发现隐藏或者潜在的机会（Kirzner，1979）。因此，本书基于Timmons的创业过程模型，从创业者/团队、资源以及商业机会三个要素，即创业警觉性、资源整合和机会识别方面探究实现新企业组织韧性的多元路径。研究结论有助于深入揭示企业创业过程对新企业组织韧性构建的影响机制，对指导我国新企业激活组织内的个体和群体智慧以度过危机具有一定的实践意义。

从Timmons创业要素模型来看，创业行为是一个动态过程，机会、资源与创业者/团队三个核心要素处于相互影响、相互促进的状态（葛宝山等，2013）。资源只有与机会匹配才能发挥作用，时机和资源对竞争优势构建具有较大的影响。此外，资源与机会的匹配是由创业者或创业团队来实现的，有效地运用创业者和团队的力量整合资源以挖掘商机对于新企业生存和持续成长至关重要（赵静杰等，2019）。关于组织韧性影响因素的研究已经取得丰富的成果，大多关注机会（Duchek，2020；Florez-Jimenez et al.，2024）、资源（Lengnick-Hall et al.，2011；Jang et al.，2022；李姗姗和黄群慧，2023）、创业者/团队（王勇和蔡娟，2021；

段升森等，2021）等单个影响因素对组织韧性的净效应，对于揭示新企业组织韧性构建机制具有积极意义。但是，新企业组织韧性的构建是一个复杂的问题，需要综合考虑机会、资源和创业者/团队三要素的匹配才能有效解析新企业组织韧性的复杂构建路径。因此，本书基于 Timmons 创业要素理论模型，综合采用必要条件分析法（NCA）和模糊集定性比较分析法（fsQCA）探讨如何协同创业警觉性、资源整合与机会识别以强化新企业组织韧性，揭示多个前置影响因素的协同组态效应对新企业组织韧性的复杂作用机制，试图发现新企业提升组织韧性的新途径，同时挖掘可能减弱组织韧性的原因，对于指导新企业如何构建抵御风险和应对逆境的能力具有重要的实践价值。

第二节　研究内容

组织韧性作为与 VUCA 经营环境相匹配的独特能力受到理论界和实践界的关注，是揭开新企业如何应对逆境和危机的关键钥匙。此外，新企业组织韧性的构建受到创业者、资源和机会等多方面因素的影响，然而已有研究并未系统、全面地探讨这三个因素对新企业组织韧性的复杂影响机制。针对这一热点和难点研究问题，本书从以下研究思路展开：基于资源基础理论和 Timmons 创业过程模型理论从创业者、资源及机会三个要素出发，将创业警觉性、资源整合以及机会识别作为前因条件变量构建新企业组织韧性的分析框架，探讨三个前因条件相互作用所形成的多元组态对新企业组织韧性的协同效应，并以 263 个新企业样本作为研究对象，采用 NCA 和 fsQCA 分析方法，揭示新企业实现高组织韧性的多元驱动路径和复杂机制。基于以上研究内容和目的，本书总共分为六章，安排如下：

第一章为绪论。主要梳理了本书的研究背景和研究意义，明确本书关注的核心研究问题和研究方向；同时为实现研究目的而选择合理的研究方法、技术路线图和结构安排；最后进一步阐述本书的创新之处。

第二章为相关概念与文献综述。本章主要梳理了创业警觉性、资源整合、机会识别和新企业组织韧性等变量的概念和相关研究现状。在先前相关研究基础上梳理和提炼已有研究的不足和未来发展趋势，从而为研究问题的提出和模型构建奠定理论基础。

第三章为理论基础与研究框架。在系统梳理资源基础理论、Timmons 创业过程模型理论基础上，阐述创业警觉性、资源整合、机会识别与新企业组织韧性的关系，并基于组态视角解析三个前因条件对新企业组织韧性的协同效应，进而构建本书研究的框架。

第四章为研究设计。针对本书的研究内容、研究目的和提出的理论模型，本章主要进行实证研究设计，包括研究方法、数据收集与样本特征、变量测量与校准，以及对数据同源偏差、信度和效度进行检验，为后续的数据处理和实证分析奠定基础。

第五章为实证分析。首先，运用 NCA 软件对单个前因条件进行必要性分析，检验前因条件变量是否为产生结果变量的必要条件，从而形成对样本的初步了解和分析。其次，运用 fsQCA 4.0 软件对各条件组态进行充分性分析，识别新企业强组织韧性的多元实现路径，并进一步探讨实现路径是否具有非对称性；并采用变动一致性门槛值的方法，对研究结果进行稳健性检验；根据数据分析结果进行深入的讨论，解释数据结果的原因及其意义。最后，分析导致非高组织韧性的条件组态类型，并进行案例分析。

第六章为研究结论与启示。首先，在上述必要条件分析和组态分析的基础上，识别出实现新企业高组织韧性的多元实现路径；其次，根据所得结论提出与之相呼应的管理实践启示；最后，根据本书的研究问题及研究设计方面存在的不足和缺陷之处，进一步提出未来研究展望。

第三节　研究方法及技术路线

一、研究方法

本书综合采用定性和定量研究方法，包括采用文献研究法、问卷调查法、必要条件分析法（NCA）、模糊集定性比较分析法（fsQCA）四种方法，深入分析新企业组织韧性的驱动路径。

（一）文献研究法

文献研究法也被称为资料研究、文献调查或情报研究，是指通过搜索、甄别、整理与分析现有文献资料，进而获取所需研究信息的方法，其中文献资料包括期刊、图书、会议论文、报纸及科技报告等。文献研究法不是简单的文献资料检索与收集，更为重要的是对文献资料进行深入的梳理和分析，形成对相关问题的科学认识。文献研究法是人文社科领域进行理论研究的基础性的、应用最广泛的资料收集方法。通过文献研究法，研究者能够把握相关领域的研究进展和脉络、热点问题和研究空白，帮助研究者对相关研究领域形成科学认识并能够扩展研究思路，发现新的研究问题，为理论问题的提出和研究框架构建奠定基础，并且能够避免重复研究，提高研究的创新性。在研究设计环节，运用文献研究法能够利用权威研究观点为模型构建提供严谨的论证依据，增强研究结论的说服力；同时也能为研究者确定合适的研究方法，并获得合适的变量测量方法，少走弯路，有效地提高了研究的效率和可信度（陈晓萍和沈伟，2018）。

文献研究法是一种非常富有生命力的方法，被应用于理论研究时具有以下三个方面的优点：①能够超越时间与空间的限制，通过对先前学者以及国内外的文献资料进行分析，研究者可以开展更为广泛的管理实践问题研究；②具有间接性和无反应性的特征，研究者无需与文献资料中的人或事物直接接触，即研究者和被研究对象之间无需任何互动，研究过程不会因为被研究对象不配合而阻碍研究过程；③文献研究法是在前人研究成果基础上进行调查和分析，投入费用较低，且效率较高，是获取新知识的捷径。不过文献研究法也存在其局限性：首先，由于有些文献资料不对外公开，研究者进行特定的问题研究时很难获取足够的分析资料；其次，由于个人的认知、偏见及主观意图，研究者难以准确评估文献资料的价值，且在对文献分析过程中也容易造成理解偏差。以上问题会影响最终文献研究结果的准确性与客观性（杜晓利，2013）。

围绕本书研究的需要，梳理学界研究现状与既有成果，从而为后续研究提供文献材料支撑。在理论模型构建前，本书首先对创业警觉性、资源整合、机会识别和新企业组织韧性等相关领域的文献资料进行了系统的检索和梳理。在国外文献搜索方面，本书选取关键词在 Google Scholar、Elsevier Science、EBSCO、JS-TOR、Emerald、Proquest 等检索平台和数据库搜索与本书主题相关的外文研究，尤其重点关注 JBV、E&RD、ET&P、JSBM、SBE 等对创业研究关注较多的期刊和AMJ、AMR、SMJ、JMS 等管理领域顶级期刊中的研究。在国内文献搜索方面，通过中国知网、万方等平台查阅与本书主题相关的中文文献。随后，对所收集的文献进行初步阅读、整理和归纳，从而厘清创业警觉性、资源整合、机会识别和新企业组织韧性等主题的研究现状和热点问题，进而为研究框架奠定坚实的基础。

（二）问卷调查法

作为实证研究法中收集数据的一种方法，问卷调查法是社会科学研究中使用较为广泛的方法，问卷是调查过程中用来收集信息和资料的工具，通过提问的方式，了解和收集调查对象的基本特征、态度、观念及行为等方面的信息，进而阐释所研究的核心问题，并检验所提出的假设和构建的理论框架；在数据收集时，尤其是当研究人员清晰知道应该如何提问以及如何测量变量时，采用问卷调查是有效的方式（路锦怡等，2024）。在组织管理研究中，问卷调查法是一种基于宏观的视角、采取定量的工具、根据客观的检验以认识组织管理问题的调查研究方式。科学与规范的问卷调查法包括严谨的问卷设计、科学的抽样安排与量表设计、规范的数据发放和收集流程、恰当的分析工具、精确的数据处理与分析等方面（陈晓萍等，2008）。问卷调查法因其灵活、便捷、迅速和成本低等多方面的优点，成为管理学领域定量研究中应用最普遍的数据收集方法，其重要性、可信度和有效性得到管理学领域研究的广泛认可。为检验本书所提出的研究问题和框架，采用问卷调查的方式收集一手数据，并且在样本框设计和分层抽样时，综合考虑行业、区域等因素。数据收集完毕后，借助 SPSS 16.0、fsQCA 4.0 等统计软件对数据的信度和效度进行检验，识别驱动新企业组织韧性的组态，并在此基础上进行理论分析和提出对策建议。

（三）必要条件分析法（NCA）

必要条件分析法（Necessary Condition Analysis，NCA），聚焦于识别组织决策中不可或缺的前置要素，其核心在于揭示达成特定结果的约束性条件。与传统相关性分析不同，NCA 遵循非对称因果逻辑：必要条件的存在是结果产生的基石，但其单独存在并不构成充分保证；反之，必要条件的缺失则必然导致结果无法实现。这一理论由荷兰鹿特丹管理学院杜尔教授于 2016 年提出，通过量化条件的"瓶颈效应"，为管理决策提供关键阈值参考。该方法的技术内核体现在数据边界分析上。研究过程中需构建条件变量（X）与结果变量（Y）的二维散点图，通过拟合上限包络线（Ceiling Line）划分实际观测区域与理论不可达区域。位于包络线以上的空白区域表征着"即使满足其他条件也无法实现目标结果"的数据缺失区，其面积占比（CE-FDH 值）直接量化了条件的必要性强度。为了确定必要（但不充分）条件，必要条件分析的操作主要包括以下三个步骤：①绘制必要条件变量与结果变量之间关系的散点图，确定上限包络线；②计算必要条件的效应值，对结果变量的必要条件进行初步判定；③进行瓶颈水平分析。具体体现在以下三个方面：

第一，绘制必要条件变量与结果变量之间关系的散点图，确定上限包络线。首先，必要条件分析的第一步是采用直角坐标系绘制各变量数据的散点图，该散点图是针对每种情境绘制 X（潜在必要条件变量）与 Y（结果变量）之间的关系。其次，在散点图的基础上，运用最小二乘法（OLS）构建必要条件变量 X_i 与结果变量 Y 的关系方程，判断必要条件变量 X_i 对结果变量 Y 的影响是正向的还是负向。上限包络线（Ceiling Line）的构建通过分析条件变量（X）与结果变量（Y）的散点图分布实现。其核心是划定数据边界：在散点图中，所有观测数据点均位于包络线下方（完整区域），而上方的空白区域（上限区域）表明即使其他条件满足，如果该条件未达阈值，那么结果仍无法实现。包络线可通过分段函数（如线性或非线性方程）拟合，需要平衡数据包容性与空白区划分精度。最终通过计算上限区域面积占比（CE-FDH 值）量化条件的必要性强度，为决策提供临界阈值参考。必要条件分析法（NCA）包括包络上限（CE）和回归上限（CR）两种上限技术，而 CE-FDH 和 CR-FDH 是首选的上限包络线。在应用上的区别在于，如果变量是连续变量或数据分布呈线性特征，且样本量较大，CR-FDH 更为适合，因其能有效反映变量特征，不易受异常值和测量误差影响。而如果变量是离散变量或数值等级较少，特别是在中小样本中，CE-FDH 更为合适，因其能更精确地绘制上限区域（Dul，2016）。此外，效应值是否显著可以通过蒙特卡洛模拟置换检验法进行测算。

第二，计算必要条件的效应值。必要条件分析法（NCA）通过量化效应值（d）评估条件变量对结果变量的约束强度，其计算公式为 $d = C/S$，其中，C 表示散点图中上限空白区域的面积（即缺乏该条件时无法实现结果的区域），S 表示结果变量的全域面积。效应值越大（$d \geq 0.1$），表明该条件对结果的必要性越强。判定必要条件的核心标准包含三个条件：①需具备理论支撑（如文献证实资源禀赋是战略转型的基础）；②要求效应值通过经验阈值（$d \geq 0.1$），表明约束作用具有实际意义；③需经置换检验确认统计显著性（$p < 0.05$），排除随机性干扰。在实际操作中，需先拟合条件与结果的散点图并划定上限包络线，随后计算空白区域占比，$0 < d < 0.1$ 表示小效应，$0.1 \leq d < 0.3$ 表示中效应，$0.3 \leq d < 0.5$ 表

示较高效应，d≥0.5 表示高效应。

第三，NCA 除了能够准确分析和检验条件变量的必要性，NCA 还有另外一个优势，即可以通过对瓶颈水平进行分析，详细了解和分析实现特定结果所需要的条件阈值。瓶颈水平是指在观测数据范围内，结果变量满足特定水平情况下，条件变量所需要达到的最低程度。例如，要使结果变量 Y 达到 98% 的水平，条件 X_a 至少要达到 40% 的水平，条件 X_b 至少要达到 70% 的水平。如果这两个条件没有达到各自的值，那么 Y 就没有达到最高值。

与传统的回归分析和定性比较分析（QCA）方法相比，必要条件分析具有一定的优势。在应用范围方面，定性比较分析可应用于组织研究的任何领域，如战略管理、组织行为、运营管理、人力资源管理及市场营销等。必要条件分析法的应用具有明显的优势，可以扩大组织现象研究的范围，提高研究的准确性，增强研究成果的实际意义。就适用性而言，首先，必要条件分析法更适用于研究达到某种结果水平（如高、中或低）需要何种程度的前因因素。回归分析或定性比较分析（QCA）等方法只能定性地确定前因变量与结果变量之间的因果或必要关系，而必要条件分析法（NCA）则可以更进一步，量化评估某一结果变量达到特定水平所需的必要条件水平。其次，当存在多个前因条件组合时，NCA 可以进一步检验各组合中每个前因条件变量对结果变量的必要性程度，而定性比较分析（QCA）中的组合分析法则只能确定各条件变量组合的整体对结果变量的必要性程度。因此，必要条件分析法更有利于确定几个前因项目对结果变量变异的必要程度。必要条件分析法（NCA）可以作为定性比较分析法（QCA）的补充，使整个组态分析更加完整。

在本书中，NCA 的应用有助于剖析创业过程的三要素是否为新企业组织韧性的必要条件，进而深入探究创业过程与新企业组织韧性之间的关系。本书基于大样本数据框架开展必要条件检验，优先选择 CR-FDH 模型进行核心运算，通过其边界拟合算法确保实证过程的严谨性，同时采用 CE-FDH 方法进行交叉验证以强化结论稳健性。为全面评估变量间的潜在关联方向，本书除原始变量外还引入了逆向变量转换机制，系统检验正向促进与负向制约两种作用路径，有效规避单一分析维度可能导致的归因偏差。在技术实现层面，计算过程依托 R 语言平台的 NCA（必要条件分析）工具模块完成。具体而言，通过蒙特卡洛模拟技术执行 10000 次置换抽样构建概率分布模型，据此生成效应量（d 值）与显著性水平（p 值）的统计推断结果。该算法采用重复随机化处理消除抽样误差影响，使瓶颈水平分析（Bottleneck Level Analysis）的阈值判定达到 95% 置信区间要求。

（四）模糊集定性比较分析法（fsQCA）

QCA 的核心思想源于系统论和集合论的观点，该方法的核心目标在于识别复杂管理现象和实践背后的条件组态。QCA 方法表明，结果变量可能是由多种前因条件的组合所导致，而这些条件存在或不存在不同组态。正因如此，QCA 在分析多重因素相互交织影响的复杂社会问题时较为适用，例如，科技人才集聚的条件组态分析。QCA 方法包含三种主要的分析模式：①清晰集分析（csQCA），适合处理二值变量，也就是条件和结果均为"存在"或"不存在"的简单二值情况；②多值分析（mvQCA），适用于分析具有多个类别的现象，这些类别不限于简单的二元选择；③模糊集分析（fsQCA），最适宜处理定距或定比数据，尤其是那些存在程度变化的变量。

模糊集定性比较分析（fsQCA）主要包括以下四个步骤：单一必要条件分析、构建真值表、条件组态分析及稳健性检验。其中，稳健性检验是评估 QCA 分析结果稳定性的重要步骤，常见的稳健性检验方法包括调整校准锚点、改变样本的空间、修改前因条件变量、改变案例阈值及调整一致性门槛阈值等，通过检验和对比新组态与原始组态之间的差异性，进而判断原组态结果的稳健性（张明和杜运周，2019）。

定性比较分析（QCA）的方法论内核在于将自变量组合与观测结果进行隶属度转换，通过系统化检验集合间的包含关系，进而识别前因变量及其交互作用对目标现象产生的必要性与充分性关联。从集合论视角出发，当某一条件集合构成结果集合的超集时，该条件即具备必要性特征；反之，如果分析结果集合完全包含于某条件集合，那么此条件呈现充分性特质。具体而言，必要条件可类比为包含结果集合的宏观范畴，而充分条件则对应微观层面的特定情境。在实证检验过程中，研究者需通过隶属度分数（Membership Scores）构建多维条件组合矩阵，运用布尔代数原理解析变量间的非对称因果关系。单一必要条件检验的核心目标在于验证特定条件是否构成结果产生的不可替代要素——即当该条件隶属度低于临界阈值时，目标结果在数据集中完全不可观测。这种分析范式突破了传统统计方法对相关性的依赖，转而关注条件与结果间的逻辑蕴含关系，其典型应用场景包括政策效果评估中关键制度要素的识别，或组织战略研究中核心能力条件的提炼。

无论清晰集、多值集还是模糊集定性比较分析法，最核心的概念和工具都是真值表。定性比较分析法（QCA）可以被理解为构建真值表的研究阶段。真值表包含了研究人员收集的经验信息。QCA 包括采用逻辑最小化的方法对真值表的形式进行分析，其目的是识别充分（或必要）条件。QCA 方法通过构建真值表系统揭示条件组合与结果间的逻辑关联，其核心在于布尔代数的集合运算原理。真值表以行向量形式呈现条件变量的隶属状态，每个条件变量可编码为存在（1）或缺失（0），行数遵循 2 的 k 次方规律（k 为条件数量），如 5 个条件生成 32 种理论组合。然而社会现象的复杂性导致实际案例往往无法覆盖全部理论组合，这些未被实际案例覆盖的理论组合被定义为逻辑冗余项。QCA 方法通过差异化处理冗余项形成三类解集：①标准解严格依赖于观测数据，完全排除冗余项干扰，呈现最大程度的条件组合细节；②简约解则通过布尔最小化运算纳入所有冗余项，提炼出解释力最强的核心条件组合；③中间解基于理论预设筛选具有合理作用方向的冗余项，在经验数据与理论框架间取得平衡。研究者通过对比简约解与中间解可识别因果路径中的核心条件（普遍存在的基础要素）与辅助条件（情境依赖的催化要素）。例如，在组织创新研究中，技术积累通常作为核心条件贯穿所有解集，而政策扶持则可能作为辅助条件仅在高竞争环境中显现作用。这种分层解析机制不仅能有效处理多重并发因果关系，更通过逻辑余项的方向性约束增强了结论的理论连贯性，可为复杂社会现象提供兼具解释广度与深度的分析框架。

模糊集定性比较分析法（fsQCA）具备以下四个优势：①fsQCA 打破了定性和定量方法的界限，将两者有机融合，既保留了定性分析的深入特质，又具备定量分析的严谨特性；②fsQCA 对数据具有强大的包容性，无论是大规模数据还是小规模数据，定量数据还是定性数据，通过观察法获取的数据还是调查法收集的数据，均能够进行妥善处理；③fsQCA 能够识别多重路径，发掘多个案例之间的共同组态，为理解复杂因果关系开辟了全新的视角；④相较于 csQCA 和 mvQCA，fsQCA 更能留存原始数据信息，最大程度减少信息丢失，并且在维持 QCA 精简组态优势的同时，能更大程度地反映原始数据的复杂性。相比另外两种分析方法，fsQCA 对数据更为敏感，在保持简洁性的同时能够捕捉变量间的微妙关系，故而在涉及复杂度较高的社会问题研究中优势显著（杜运周和贾良定，2017）。

在本书中，QCA 被用于分析创业过程三要素的不同组合对新企业组织韧性的影响，进而揭示创业过程与新企业组织韧性之间的多种关系。考虑到本书的条件变量和结果变量存在程度上的变化，本书采用模糊集分析（fsQCA），以此避免 csQCA 和 mvQCA 可能导致的信息缺失和遗漏情况。另外，为保证与 QCA 分析结果的有效结合，在 NCA 必要条件分析方法中也采用了对变量进行校准后的隶属度数据。在明确条件变量和结果变量之后，首先本书进行了变量测量，通过发放问卷收集原始数据，最终获得 263 个有效样本。并选择合适的模糊集锚点对数据进行校准，将数据转换为隶属度数据。其次，依据这些数据开展了条件必要性和组态分析，并且通过改变一致性阈值进行稳健性检验，最终得出高组织韧性的条件组态。

二、技术路线

本书在梳理创业警觉性、资源整合、机会识别和新企业组织韧性等主题的国内外理论研究的基础上，构建了以上三个前因条件与新企业组织韧性间的组态关系模型，研究的具体技术路线如图 1-1 所示。

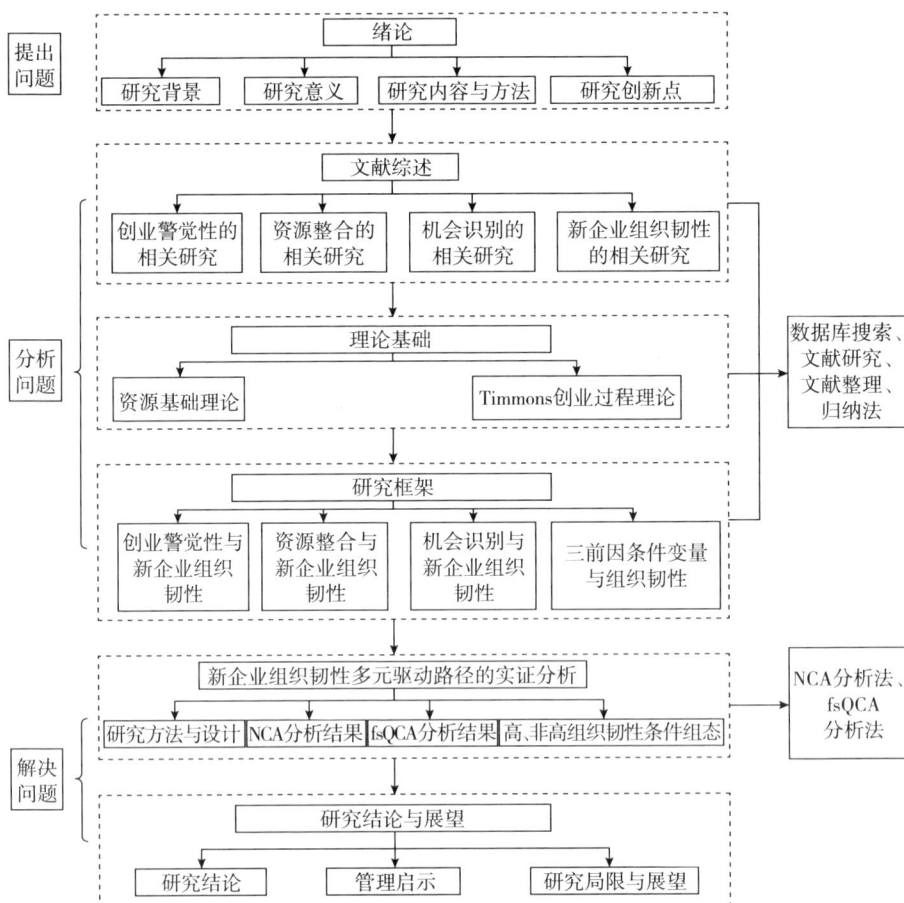

图 1-1　本书的技术路线

资料来源：笔者根据本书研究内容绘制。

第四节 研究意义

一、理论意义

近年来，组织韧性的相关理论研究开始拓展到关注前置影响因素及其发挥效用的边界条件等问题的探讨上，尤其是在VUCA时代特征越来越显著的创业情境下，理论界和实务界普遍认为，新企业通过构建组织韧性以应对危机和逆境的破坏性冲击，有利于新企业更迅速地走出困境，甚至转危为机实现突破性发展。本书将借鉴Timmons创业过程理论、资源基础理论（RBT）等基础理论，系统、多层次地分析创业警觉性、资源整合以及机会识别对新企业组织韧性的组态效应。研究结果不仅拓展了组织韧性的研究边界，也为VUCA情境下新企业组织韧性的构建提供了理论依据与实践指导，其中理论意义主要体现在两个方面：

（1）基于Timmons创业过程理论，将创业者、资源和机会三个要素纳入同一框架以解释新企业组织韧性构建问题，探究创业警觉性、资源整合以及机会识别如何帮助新企业在动态竞争环境下，有效抓住商业机会，进行组织资源整合，最终提升新企业组织韧性。在VUCA特征日益显著的创业情境下，新企业的经营环境和经营管理日益复杂，创业者、资源和机会三个层面因素相互依赖，协同影响了新企业的组织韧性。本书为新企业组织韧性构建提供了一个较为全面、系统的视角，对解析新企业组织韧性的复杂驱动路径具有较好的解释力。

（2）本书基于组态视角，采用模糊集定性比较分析方法（fsQCA），探讨创业者、资源和机会三个层面因素对新企业组织韧性的组态效应，揭示不同层面前因条件之间的协同联动对新企业组织韧性的作用路径。随着数字技术的快速发展及其与实体经济的深度融合，新企业经营环境和组织要素变化的周期明显缩短，VUCA特征显著的环境为管理理论构建和复杂管理实践带来了新的挑战，理论界亟须厘清复杂管理现象和问题背后的内在因果机制，解析组织管理问题的动态演化本质和规律（张明和杜运周，2019）。组态视角认为，组织应该被理解为要素相互关联的结构体和实践的集群，而非分单元或松散结合的实体，不能采用孤立分析部件的方式理解组织经营和管理（杜运周等，2021）。组态视角分析方法的研究视角更加符合管理现象背后要素之间的相互依赖性以及因果关系复杂性，而回归分析、结构方程模型等传统的统计分析方法对模型中的变量采取了孤立分析视角，难以回答各变量之间的相互依赖性。此外，组态分析采用的fsQCA方法还结合了定性与定量分析各自的优点，传统定性分析仅仅聚焦于单案例的深入分析，但是外部推广性差；定量分析则聚焦于从大样本中发现可推广的模式，但是对单个案例的独特性和深度分析不够（杜运周和贾良定，2017）。本书采用组态视角和fsQCA方法这一新兴研究范式，全面、系统地分析新企业组织韧性的多元驱动路径，从理论上厘清了新企业组织韧性的构建机制，有助于深化和扩展新企业创建和成长方面的理论。

二、实践意义

从实践角度来讲，随着全球经济和社会环境的快速变化，VUCA经营环境为新企业增添了更多不确定和不稳定因素。为了在这样不稳定的经营环境中生存和发展，新企业亟须增强自身的风险抵御能力，有效地应对逆境和危机，快速反弹恢复，甚至从危机中发现机遇以促进未来的发展。然而一些新企业抵御风险的能力较差，与之相反，也有少数企业通过积极布局，努力提升自身的组织韧性，在竞争优势构建方面取得了显著的成效（张畅，2023）。因此，探讨新企业如何在VUCA特征显著的经营环境中应对资源匮乏、知识不足等挑战，分析创业者、资源和机会三要素间的组态与新企业组织韧性的复杂关系，为厘清新企业组织韧性构建机理指引了方向。

首先，本书基于理论梳理和半结构访谈，挖掘VUCA情境下新企业组织韧性的结构特征并构建测量体系，有助于明晰新企业组织韧性的内涵与结构维度，构建与VUCA经营环境相适应的组织韧性，进而促进可持续竞争优势的提升。结合理论梳理和案例分析，新企业组织韧性包含风险预知、敏捷应对和反思学习等方面的特性。因此，一方面新企业需构建通畅的信息获取、传递和反馈渠道，努力提升风险预知能力，并建立高效的、分层级的快速响应机制，从而缩短危机反应时间；另一方面新企业还应该鼓励员工跳出思维定势，构建鼓励内部沟通和交流的企业文化，促使员工形成主动认知、变通和承担风险的习惯，进而积极探索适应VUCA市场环境的新模式。

其次，本书发现，创业警觉性、资源整合、机会识别等单个要素并不构成实现高组织韧性的必要条件，三者间的协调和匹配对于新企业组织韧性构建至关重要，即创业者必须培育与机会相匹配的警觉性，认知机会的内在特征，并且及时整合资源进行匹配以应对不确定性环境。此外，基于 fsQCA 分析方法发现，驱动高组织韧性的条件组态有四种。因此，新企业应该致力于将创业者、资源和机会三个维度的多重前因条件进行协同与整合，根据不同条件的互补或替代关系，并结合新企业自身的资源/能力以及竞争格局变化等外部环境，有针对性地制定组织韧性构建策略，从而选择符合自身实际条件的差异化组织韧性驱动路径。

第五节 研究的创新性

本书立足于当前创业领域和组织管理领域关注的焦点问题——组织韧性，通过文献梳理发现，现有绝大多数组织韧性研究，无论是概念性还是实证研究，均是以大型或成熟企业为研究对象，只有少数学者关注了新创或中小企业的组织韧性问题，对新企业的组织韧性构建问题缺乏足够的解释。因此，本书基于当前理论研究存在的缺陷和不足，整合资源基础理论和 Timmons 创业过程模型理论，从创业者、资源以及机会三个创业要素出发，系统探讨创业警觉性、资源整合和机会识别如何联动影响新企业组织韧性。综合采用必要条件分析法（NCA）与模糊集定性比较分析法（fsQCA），探究了新企业组织韧性的复杂成因及其驱动机制。本书的研究有助于弥补现有组织韧性、新企业创业行为相关研究的不足，具有较高的创新性，具体表现在以下两个方面：

第一，基于 Timmons 创业过程理论，将创业者、资源和机会三个要素纳入同一框架以综合解释新企业组织韧性构建问题，从既有研究的单一视角转向系统视角，较为全面、系统地解析了新企业组织韧性构建机制问题，深化和拓展了新企业组织韧性的理论研究。

近年来，随着创业环境的 VUCA 特征逐渐显著，组织韧性成为学者关注的焦点问题。但是通过对现有组织韧性研究文献进行梳理发现，学者更多关注资源禀赋高、组织结构完善的大型或成熟企业的组织韧性构建问题，而关于新企业如何构建组织韧性问题的研究显著不足，将既有研究的结论直接应用于新企业情境可能是不恰当的，甚至会带来错误的结论。与大型企业和成熟企业相比，新企业拥有的物质、人力、财务和技术等资源十分有限，并且组织结构尚待完善，缺乏成熟的管理系统、流程及结构，因此，新企业在遭遇逆境和危机时面临着更大的挑战，这种挑战对于我国的新企业来说尤为显著。中国作为新兴经济和转型经济的代表，其创业环境呈现高度不确定性特征，缺乏完善的支持自由市场活动的正式制度体系，市场需求、竞争者及合作伙伴的行为更加难以预测，这些不确定性环境因素导致中国情境下的新企业面临着更大的威胁。此外，资本市场、劳动力市场、技术市场及产权市场等体系尚待完善，这导致新企业难以通过外部渠道获取创业所需的必要资源（汤淑琴等，2015）。通过以上分析可知，我国转型经济环境的特征导致新企业面临着机会和威胁并存的困境，创业者更加需要学会主动认知风险因素，构建抵御危机和不确定性的反脆弱机制，形成更强的组织韧性，进而实现创业成功。

学者已经对新企业组织韧性的影响因素进行了深入的探讨，并且已经取得了丰硕的成果，其中机会、资源和创业者/团队等层面因素是学者关注的重点影响因素。例如，吴亮和刘衡（2024）研究指出，制造型企业机会识别能够及时感知新产品及新市场机会，有助于其克服组织惰性和刚性，剥离营利性低的业务，开启必要的项目以提升组织的竞争力；且对前沿技术的洞察有助于企业及时响应顾客的新需求，这些都能够帮助制造型企业在面对不确定环境时构建较强的敏捷性。李姗姗和黄群慧（2023）基于组织适应理论探讨了创业企业组织韧性的培育模式，他们指出，通过资源编排能够帮助创业企业构建外部资源获取渠道以吸收必要的创业资源，而通过资源整合过程能够增强内外部资源之间的协调性和互动性，形成全新的资源组合，然后由资源应用过程调整和平衡不同的资源组合以激发组织资源的集束效应，从而最大化创业企业内部与外部资源的利用效率，因此，借助资源编排，创业企业不仅增强了资源实力，还能够为企业快速响应外部环境变动并及时捕捉潜在机会奠定资源基础，从而有利于组织韧性的提升。Kantur 和 Say（2015）认为，创业者作为新企业在逆境中进行危机管理的关键决策者，是组织内部与外部信息获取及沟通的重要"桥梁"，创业者在危机中采取的措施、手段及对外部环境形势的判断、对利益相关者关系的维系以及展现出的领导能力，对于新企业危机管理策略有效性的发挥具有至关重要的影响，在危机中发挥指引方向、制定转型策略、传递积极情绪、促进危机中学习等方面的作用。

从机会、资源、创业者/团队等角度探讨组织韧性影响因素的研究已经取得了丰硕的成果，但是大多数研究只关注单个影响因素对组织韧性的影响，难以深入揭示新企业组织韧性的构建机制。在 VUCA 特征显著的时代下，新企业在经营和发展过程中面临较多威胁和挑战，为了应对变幻莫测的 VUCA 环境，新企业组织韧性构建是一个复杂的问题，需要综合考虑创业者/团队、机会和资源三个要素以及相互间的关系。基于此，本书以新企业为研究对象，将创业者、资源和机会三个要素纳入同一理论框架以系统、综合解析新企业组织韧性的构建机制，弥补现有组织韧性相关研究存在的不足。

第二，本书基于组态视角，采用模糊集定性比较分析法（fsQCA），探讨创业警觉性、资源整合与机会识别如何对新企业组织韧性产生协同作用，并结合典型案例分析，揭示实现高组织韧性的多元驱动路径。与分析单个前因条件与结果变量之间的关系相比，基于组态视角能够深入探讨新企业实现高组织韧性和非高组织韧性的多重复杂前因条件组合，更加贴合管理实践中多种前因条件因素同时存在共同作用的现实情境，进而能够为新企业组织韧性的构建与提升提供理论指导和实践启示意义。本书揭示了驱动新企业组织韧性的复杂多元路径，丰富了新企业组织韧性的研究视角。

国内外学者已经从机会、资源和创业者/团队等多方面对影响新企业组织韧性的因素进行了研究，但是大多数的研究基于单一角度进行分析，少数研究探讨了两个要素间的关系及其对新企业的影响。例如，高洋等（2019）借鉴阴阳平衡与内外兼修思想的观点，深入探讨了机会与资源间的互动关系及其对新企业的影响，并提出机会—资源一体化概念来理解机会与资源的整合效应，基于数据分析发现，采取机会—资源一体化开发行为的新企业生存和成长绩效表现更好。但是将机会、资源和创业者/团队三个层面的要素纳入一个框架并分析三者之间的关系的研究非常少。在 VUCA 创业环境下，新企业为了应对危机和逆境，需要系统考虑机会、资源与创业者/团队三要素之间的复杂关系，从而构建应对 VUCA 环境的反脆弱机制，这样更容易实现创业成功。

既有研究表明，新企业组织韧性的构建是一个复杂的过程，新企业组织韧性的驱动机制存在复杂的内在因果关系。虽然学者认同创业警觉性、资源整合与机会识别对新企业组织韧性的促进作用，但是先前的新企业组织韧性研究依然存在局限性。

首先，根据 Timmons 的观点，创业警觉性、资源整合与机会识别之间存在复杂的交互作用关系，既有研究多采用传统的统计分析方法，关于变量间简单的线性关系假设难以解释三者之间的复杂互动关系及其对新企业组织韧性的影响。例如，多元线性回归模型中自变量的净效应非常依赖于模型中选择的其他自变量，如果其他自变量与聚焦分析的自变量相关性高时，多重共线性问题会导致该自变量的净效应大大降低甚至不显著，只有当模型中的自变量之间的相关性较低时，单个变量的净效应才能够显现出来，净效应分析方法是通过统计学方法控制其他变量的作用，检验特定变量的独立净效应，但是这种分析方法在模型构建和解决实际问题时面临诸多问题，管理实践过程中不同条件之间是相互依赖而非独立存在的；因此，传统的统计分析方法难以有效解释企业管理问题中，不同前因条件之间的相互依赖、共同产生的交互效应（Ragin & Strand，2008；杜运周和贾良定，2017）。

其次，随着数字经济时代的到来，新企业创建与成长面临着越来越复杂的环境，数字化转型、生态系统、VUCA 特性、技术快速迭代等均影响着新企业的运营与管理，因此，在构建抵御风险的组织韧性时面临多个影响要素之间复杂的动态互动（Anwar et al.，2021）。面对复杂的创业环境，学者意识到亟须发展适应现代复杂管理问题的新理论、新范式和新方法，其中组态思想和 QCA 方法作为一种系统分析多种前因要素组态效应的理论方式，已经在数字化转型、商业模式创新、创新生态系统、战略管理、公司治理等多个领域得到广泛的应用，QCA 方法在非对称关系、交互效应、并发条件、路径识别等复杂问题方面能够进行更精细、更深入的分析，有助于揭示复杂管理现象背后的机制（杜运周等，2021）。根据变量的类型，QCA 可划分为清晰集定性比较分析方法（csQCA）、多值定性比较分析方法（mvQCA）和模糊集定性比较分析方法（fsQCA），其中 csQCA 和 mvQCA 只能对二分变量进行分析，即模型中的前因条件及结果变量必须能够被校准为 0 或 1，否则难以对数据进行处理，这种局限性将导致模型中变量的部分信息缺失，进而导致产生错误组态；fsQCA 进一步提高了定比变量的能力，不仅能够处理二分变量问题，也能够对程度变化的连续变量进行处理。具有定性与定量分析的双重属性，大大提高了组态理论的应用范围与价值，组态理论的多维度与整体性方面的特征促使其具有分析复杂管理问题的优势（杜运周和贾良定，2017）。因此，本书基于组态理论和 Timmons 创业过程模型框架，采用 fsQCA 方法，综合分析创业警觉性、资源整合与机会识别间的复杂互动及其对新企业组织韧性的并发作用，并识别出驱动新企业高组织韧性的多元路径和复杂机制，为处于逆境和危机情境下的新企业构建抵御脆弱的组织韧性提供了可行路径，具有重要的理论意义和实践启示。

第二章　相关概念与文献综述

第一节　新企业的内涵与特征

一、新企业的内涵

新企业是指创业者/团队利用商业机会，并利用管理资源所创建的、具有法人资格的实体，能够提供新产品或服务，主要包括初创期和早期成长期的企业，新企业的核心目标是以生存和成长为主（马鸿佳，2008）。较多研究认为，新企业是处于创建初期和早期成长阶段的企业。本书研究的对象是新企业，国内外学者对于新企业的界定和划分标准尚未形成统一的认识，在国际创业研究和创业教育领域享有盛誉的《全球创业观察报告》（GEM）认为，新企业是指成立时间在42个月以内的企业。少数学者将成立时间在5年以内的企业看作新企业（Pelham，1999）。Wong（1993）较早将8年以内的企业界定为新企业，新企业创建后需要经历过渡期与成长期，过渡期是指从创建到第一次获得盈利，即创业企业能够生存下来，整个过程需要3~5年，随后创业企业进入起飞和成长阶段，组织业务和规模快速扩张，这个过程需要5~8年。随后，Zahra等（1999）、蔡莉和尹苗苗（2009）、汤淑琴等（2015）将成立时间在8年以内的企业看作新企业。甚至有学者将持续经营10年以内的企业视为新企业（Senyard et al.，2014）。通过对既有创业研究文献梳理发现，将成立时间在8年以内的企业作为新企业这一观点受到国内外学者的广泛认可。因此，本书借鉴已有研究的观点，将新企业界定为成立时间在 8 年以内的企业。

二、新企业的特征

新企业尚处于早期发展阶段，由于受到"新"和"小"劣势的影响，其与大型企业、成熟企业相比存在显著的差异。一方面，新企业普遍面临资源约束困境。资源是新企业创建、生存和发展的关键要素，但由于缺乏绩效记录和完善的信用体系，难以通过市场渠道获取外部资源，例如，在银行贷款、风险投资等方面，新企业往往需要通过亲戚、朋友、同事等关系网络获取资源，融资结构单一，这就导致新企业外部资源获取能力偏弱。另一方面，新企业组织结构尚不完善，职能部门配备不齐全，这虽然促使新企业具备良好的灵活性，但是在一定程度上阻碍了组织制度的制定和有效实施（汤淑琴等，2015）。由于新生劣势的影响，在 VUCA 特征明显的运营环境下，新企业面临更高的技术和市场不确定性，在运营管理过程中亟须构建应对逆境和风险的组织韧性。

与成熟企业相比，创业者在新企业生存和发展过程中发挥着尤为重要的作用。新企业组织结构尚不完善，作为企业重大事项的管理者和决策者往往对企业的生产和发展有着重要的影响，创业者先前积累的独特经验，以及在经验基础上所形成的人力资本、社会资本、认知模式、倾向和警觉性等方面是决定新企业组织韧性的关键因素（汤淑琴等，2015）。较多研究表明，创业者能够缓和新生弱性对新企业的消极影响。Brush 等（2001）研究指出，在新企业的资源管理过程中创业者的作用不容忽视。在新企业创建过程中，较为重要的过程是创业者必须将个人的资源转化为组织力量，创业者的知识和能力必须在组织中制度化和惯例化，从而促使组织的规模、灵活性、资源集的价值持续增长。Ge和 Dong（2008）验证了资源理论在转型经济背景下的适用性，研究发现，资源整合能力能够为新企业构建全新的资源集以开展创业活动，从而增加创业成功的可能性。Baron（2006）以服务行业为研究对象，提出创业者及其人力资本是新企业创建的核心驱动要素，创业者能够识别出资源的潜在价值，确保没有被开发的资源用来开发更多商机。

相比而言，由于成熟企业的主营业务稳定、组织结构完善，更容易通过银行、资本市场等外部渠道获取资金，因此成熟企业更倾向外部资源获取；而新企业难以通过外部渠道获取资金，进而导致其无法通过市场渠道获取管理和技术人才、关键技术等，难以发挥资金的杠杆效应。新企业更倾向于通过内部开发、高效整合内外部资源以突破新生劣势，进而获得生存和持续发展（汤淑琴等，2015）。朱秀梅（2008）研究指出，资源整合包括保持能力、改进能力和创造能力三个子维度，基于 T 检验的数据分析结果显示，新企业在改进能力和创造能力方面的因子得分高于成熟企业，一方面，由于新企业难以通过外部获取创业所需资源，不仅需要保持既有能力，更需要通过资源重新配置和组合以提升既有组织能力；另一方面，由于新企业组织结构简单、生产规模偏小、产品种类少，导致其具备更高的战略柔性，能够更迅速、高效地调整战略和管理模式，进而采取有效的、创新的管理方式以创造新组织能力，从而应对复杂的创业环境。

第二节　创业警觉性的相关研究

一、创业警觉性的内涵

警觉性又称为警觉度，是工程心理学的概念，指的是监控工作流程时，对特殊以及意外情况，或与此相关信号的注意状况。创业警觉性是由心理学衍生出来的概念，它是心理学与管理学的结合。创业警觉性是区分创业者与非创业者的重要特征，经济学家 Kirzner（1979）首次提出"创业警觉"概念，认为创业警觉性是一种主动搜索和发现机会的能力，警觉性高的个体可以更加敏锐地发现隐藏的、被忽略的和潜在的机会，并且能够感知未被注意的环境变化，具备持续寻找创新性想法的能力。在 Kirzner 的研究后，创业警觉性成为较多学者的关注焦点，但是目前关于创业警觉性的概念缺乏统一的界定，学者基于不同研究问题和理论基础，从不同的视角对创业警觉性的内涵展开了一系列研究。通过文献梳理发现，既有研究关于创业警觉性的内涵可以分为认知视角和能力视角。

（一）认知视角

早期较多学者从认知视角解析创业警觉性的概念与内涵，认为创业警觉性与创业者的认知过程、信息处理能力和思维方式密切相关，受到其先天特质、先前经验等方面的影响（Tang et al.，2012）。Kirzner（1979）较早将警觉性界定为个体在没有系统搜索的情况下能够感知被忽视机会的认知倾向，警觉性促使个体更像具备一根"天线"，能够基于有限的线索识别市场缺口。后续关于警觉性的实证研究多集中于探讨个体是否以及如何能够在缺乏系统搜索就能够注意到新机会方面。例如，Kaish 和 Gilad（1991）较早将警觉性解释为个体具有将自身置于信息流中，从而在没有刻意搜索特定机会的情况下遇到机会的概率最大化的特质，警觉性高的个体在持续环境扫描和机会发现方面具备"独特的准备"。王沛和陆琴（2015）认为，创业警觉性是创业者具备的复杂认知模式和框架，并且这种洞察能力不是天生具备的，而是基于创业者先前工作和创业经历的学习而积累的内隐性知识、价值观和意识等形成的，警觉性高的创业者对市场、技术、竞争形势及政策等的变化尤为敏感，并引导其洞察到各种独特的、新颖的信息与关联，甚至在模糊情境下能够激活图式以突破思维模式和局限，从而快速、准确地发现商业机会。

部分学者借鉴认知心理学中图式理论的观点，认为创业警觉性是一种独特的认知图式，进而导致创业者与一般管理者存在显著的差异。Gaglio 和 Katz（2001）基于认知心理学的观点，系统阐释了创业警觉性的内涵及其与机会识别间的关系，并构建了创业警觉性图式模型，其中，图式是指个体动态的、不断发展的心智模型，代表个体对外部世界如何运作的认知和信念，这种心智模型有助于引导创业者的注意力，并指导其进行信息处理和推断，有助于引导创业者的注意力以关注新的、不寻常的事物，是驱动机会识别过程的认知引擎，警觉性高的创业者在客观且准确图式的提醒下，能够理解外部环境变化的线索，并意识到要采取恰当的行为以重新评估环境与形势的变化。Valliere（2013）对 Kirzner 的创业警觉性概念、前因及其机制进行了系统梳理，并进一步借鉴决策理论和图式理论的观点，提出创业警觉性是创业者构建的独特图式认知结构，并且由于图式丰富度、图式关联度和图式激活度等三方面的差异，警觉性促使创业者能够推断和分析外部环境的变化，进而看到其他人难以看到的机会。梅胜军等（2014）认为，创业警觉性是个体的信息加工图式，具体表现为两种行为特征：一是搜索和感知环境变化和市场不均衡状态的相关信息搜集的倾向，二是对不符合既有图式结构的信息做出反应，正是由于这种独特的适应性心智模式，创业者能够打破现有思维框架，进而在不均衡和不确定环境中发现商业机会。

（二）能力视角

随着研究的深入，学者发现，创业警觉性并非个体天生具备的特质和认知，而是建立在先前经验、社会互动和学习等基础上构建的能力，越来越多的学者从能力视角解析创业警觉性的内涵。Shane（2000）指出，创业警觉性是创业者具备的通过对既有知识和信息洞悉出能够解决市场问题和顾客需求的新创意的独特能力和敏感性，反映了创业者对外部环境中新机会的持续洞察能力，这种独特能力有效地推动创业行为。Baron（2006）认为，创业警觉性是基于模式识别而构建的独特认知能力，当技术、市场、政策等环境因素发生变化时，创业者可能对未来变化做出合理的洞察和预测，并进而开展新的商业行动。苗青（2006）将创业警觉性界定为一种对外部环境中商业信息的关注和敏感，具体表现为对相关信息流的关注、对信息来源的筛选以及抽取内隐性信息的能力。梅强等（2020）将创业警觉性界定为创业者未进行系统搜索而发现被忽略机会的能力，这种能力与其对环境变化相关的新信息接收紧密相关，警觉性较高的创业者具备善于发现新问题的眼睛，通过对外部环境中搜索的信息进行深层次的剖析和判断，评估新机会是否具备足够的价值和发展前景，进而影响创业者的决策和后续创业行为。王超（2021）认为，创业警觉性是创业者不断发展的和动态变化的环境感知能力，能够引导创业者的注意力和关注点，并指导其创造性地对既有信息和新获取的信息进行处理，促使创业者对外部环境变化具备高度的敏锐性和洞察力，具备较高创业警觉性的个体，能够及时感知外部环境变化，识别出新的市场需求，并及时采取应对策略，通过创造性地配置和利用资源以满足新市场需求。

二、创业警觉性的维度与测量

由于学术界对创业警觉性的概念和内涵的界定尚未达成一致，对其维度的划分和测量体系也存在诸多争议，这在一定程度上限制了创业警觉性实证研究的发展。Kaish 和 Gilad（1991）较早探讨了创业者与职业经理人的机会搜索行为和特征时，初步开发了创业警觉性的度量量表，并将创业警觉性进一步分为阅读警觉性和开放性思维警觉性两个维度，其中阅读警觉性是指创业者阅读与政治环境、经济环境、产业环境、社会文化环境、技术环境及其他商业相关信息的数量和频率，而开放性思维警觉性则是指创业者对相关战略、营销、技术、研发等商业问题进行分析和思考所投入的时间与精力，包括思考如何进行技术研发、新业务等，基于创业者与职业经理人的对比分析发现，创业者通过多种渠道获取新信息，尤为关注商业机会的风险因子，而职业经理人更为关注机会中的获利性因子。Gaglio 和 Katz（2001）认为，创业警觉性是一套独特的感知和信息处理技能，是驱动机会识别过程的认知引擎。面对外部环境变化时，警觉性高的创业者依靠自身独特的心理图式结构对其进行精确的评估，并对直觉思索模式实现顿悟，最终发现潜在的机会。他们将创业警觉性划分为感知环境变化、识别关键影响因素和判断因素间的关系三个组成要素。Ko 和 Butler（2007）探讨了警觉性与创造性思维的关系，在 Kaish 和 Gilad（1991）研究的基础上，将创业警觉性划分为商业警觉性和信息警觉性，并构建了包含七个题目的测量量表。

Tang 等（2012）认为，创业者追求机会过程的核心是创业警觉性，并基于 Kirzner 混合认知理论的观点，提出创业警觉性包含三个至关重要的组成维度：扫描与搜索、关联与连接、评估与判断。扫描与搜索维度和 Kirzner 的早期研究观点类似，是指创业者不断地扫描外部环境，寻找被他人忽视的新信息和变化，能够帮助创业者建立丰富的专业领域相关的信息，从而形成发现新机会所需要的显性和隐性知识储备。关联与连接维度侧重于对新信息的接收、创造性处理与扩展方面，是指创业者对分散的、碎片化的信息进行整合，并将新信息重新构建以形成替代方案的能力，促使创业者能够对新信息之间形成前所未有的连接，从而激发更多的创新性概念和想法。评估与判断本质上是一个信息"过滤器"，侧重于对环境变化、新信息的价值等进行评估，判断其是否能够为企业带来利润和商机。同时开发和验证了一个包含 13 个项目的警觉性量表，通过多项数据分析结果显示维度划分适当，信度高且内容的收敛性、区别等效度较强。Tang 等（2012）对创业警觉性维度的划分具有较强的理论指导意义，受到后续很多研究的认可。

在国内研究中，苗青（2006）较早对创业警觉性的概念内涵和心理机制进行系统分析，认为创业警觉性是创业者与专家、职业经理人、新手等个体存在差异的重要性标志和特征，并将创业警觉性更进一步划分为探求挖掘、重构框架及敏锐预见三个维度，其中，探求挖掘是指创业者掌握丰富且多样化的商业信息获取渠道与方式，并且能够对这些商业信息进行深入的分析、求证与挖掘，进而最大化获取新信息；重构框架是指创业者在对外部环境中的商业机会进行评估时，善于打破传统的思维模式，重构全新的"手段—目的"框架与组合；敏锐预见是指对市场环境中的机会具备较强的敏感性和洞察力，并根据心理图式和认知框架进行推理，在较短时间内做出分析与判断，进而对外部环境的发展趋势和前景做出前瞻性的预测。并且根据已有研究对创业警觉性的内涵阐释、图式特征及测量方法提出初步的测量题项，进一步通过 15 位创业者的访谈进行修订和改编，最终获得包含 15 个题目的测量量表。

胡洪浩和王重鸣（2013）系统回顾了创业警觉性的研究进展，从注意力基础理论、社会认知理论、创业行动理论和组织变革理论四个角度系统梳理了创业警觉性的研究进展与发展脉络，并提出创业警觉性包含机会警觉性、资源警觉性和变革警觉性三个维度。机会警觉性是学者关注的重点维度，反映了创业者通过环境扫描、信息获取、分析与利用等方式以获取内外部信息的能力。资源警觉性反映了在资源匮乏严重的情境下，创业者如何识别和发现身边可用的资源，并迅速对可用资源进行有效的配置与利用，从而开发商业机会的能力。变革警觉性反映了创业者有效地识别技术环境、社会环境、经济环境和政策环境等的变化，及时发现潜在的机会与威胁，进而有针对性地采取组织变革和创新的能力。变革警觉性重点关注组织内部运营与外部环境中的异常现象和潜在威胁，而不是仅仅聚焦发现新机会和新创意。

赵立祥和张芸笛（2017）以北京地区的创业者为研究样本，探讨既有知识储备对创业机会识别的作用机制，以及创业警觉性和创造性思维在两者间所起的中介作用，他们提出创业警觉性反映了创业者对市场环境中尚未发掘机会所具备的持续搜索和洞察的能力，并将其进一步划分为三个维度：思维警觉性、感知警觉性和反映警觉性。其中，思维警觉性是指创业者挖掘所获取信息的本质以及信息之间的关联，并进行信息重组的能力；感知警觉性是指创业者对获取和搜索信息的能力；反映警觉性是指对处理后的信息进一步评价和判断，进而识别商业机会的能力。

通过对创业警觉性的维度和测量相关研究梳理发现，学者对创业警觉性的维度进行了划分，并且开发了相应的量表进行实证研究。其中 Tang 等（2012）构建的量表能够有效地反映创业者对新机会的感知能力。并且国内学者验证了该量表在中国情境下的研究依然具备较好的信度和效度（孙维，2016；张秀娥和王超，2019；王超，2021）。因此，本书采用 Tang 等（2012）关于创业警觉性维度的划分和测量方法，进而深入揭示创业警觉性对新企业组织韧性的影响。

三、创业警觉性的影响因素研究

通过整合国内外关于创业警觉性相关文献发现，创业警觉性的前因影响因素并非单一，大致可以分为内部和外部两大类。在内部因素方面，先验知识作为创业者长期在生活和工作中所积累的智慧结晶，为创业者顺利开展并完成创业活动提供了良好的基础条件。自我效能感作为创业者所具备的重要个性特质，体现了创业者对自身能力的自信和信念，这种信念能够进一步激发创业者的创业热情，使其更为积极地投入创业活动中去。创业学习是一个持续且长期的过程，创业者通过在创业过程中不断地学习，可以进一步提升自身的认知水平和实践能力，从而更好地把握市场机会。在外部因素方面，通过对已有研究系统梳理发现，创业环境和社会关系网络对创业警觉性具有重要的影响。创业环境作为一个复杂多变的要素，当创业者处于一个有利的市场环境时，通过良性竞争，可以进一步激发其积极性和创造力，督促他们更为敏锐地捕捉市场机遇。社会关系像是一张无形的网，将创业者与各类资源和信息连接起来，通过关系网络，创业者能够获取更充足的信息和资源支持，为创业活动的顺利开展提供更为坚实的基础，从而增强自身的创业警觉性。

（一）内部因素

1. 先验知识

先验知识一般是指那些在个体实际经历之前就已经积累下来的知识和信息。它构成了管理者在一定时期内，为了应对经营需要而精心积累和整合的知识库（郭红东和丁高洁，2012）。当管理者拥有丰富的先验知识时，他们便能够在复杂多变的市场中更加敏锐地捕捉到新的创业机会、洞察到市场的细微变化，从而增强企业的创业警觉性。Ardichvili 和 Cardozo（2000）在研究中指出，创业警觉性与先验知识之间可能存在交互作用：与市场和消费者相关的先验知识可能会提高创业警觉性，也就是说，创业者的先验知识越广泛越充足，创业警觉性可能就越高。王沛和陆琴（2015）、蔡林和郭桂萍（2019）在以大学生为研究对象的实证研究中进一步验证了先验知识对创业警觉性的正向促进作用。这些知识会成为创业者识别新机遇的认知素材，为创业者关注和把握新的发展机遇提供先决条件。郭红东和丁高洁（2012）、赵立祥和张芸笛（2017）通过实证研究发现先验知识可以影响创业警觉性，进而对创业机会识别产生作用效果，即创业警觉性在两者之间的关系中起到了中间桥梁作用。

2. 自我效能感

自我效能感最初植根于社会认知理论中，Bandura（1997）在该理论中将其界定为个体对于自身能否成功完成某项特定工作或任务的内在信念。在创业领域，自我效能感被赋予了特定的含义，反映了个体在创业环境下，对于开展创业活动所进行的深度自我反思和批判性思考，是个体依靠自身能力成功实施创业活动的信念强度的衡量指标（徐兴强等，2024）。Ardichvili 等（2003）在研究中强调了乐观、自我效能和创造力作为影响创业警觉性的核心人格因素的重要性，研究发现，这些特质共同作用于个体的创业过程，促使个体更加敏锐地捕捉和利用创业机会。其中，自我效能感高的个体在面对复杂多变的创业环境时，往往能展现出更为乐观的态度（蔡林和郭桂萍，2019）。这种乐观心态使他们更容易在动态环境中察觉到发展的机遇，而非潜在的威胁，从而增强了他们的创业警觉性。陈源波（2021）的研究认为，创业警觉性是创业过程中的关键部分，而自我效能感是促使创业警觉性产生的重要前提和基础，能够对创业警觉性的强弱产生直接影响。相关研究结果显示，在不同地域及不同社会群体中，创业自我效能感均对创业警觉性产生了明显的正向影响。蔡林和郭桂萍（2019）基于计划行为理论的观点，通过对 821 名大学生创业者的实证分析发现，大学生积累的先验知识对机会识别存在显著的正向作用，自我效能感显著积极影响创业警觉性，并且自我效能感与创业警觉性在先验知识和机会识别间起到了链式中介作用。Indrawati 等（2015）以印度尼西亚的初创企业的创业者为实验对象，数据分析发现，环境复杂性和创业者自我效能感都显著影响创业警觉性。

3. 创业学习

Deakins 和 Freel（1998）在创业学习与中小企业成长过程的研究中借鉴组织学习和进化理论最先提出"创业学习"这一概念，强调了学习在整个创业过程中的重要性。创业学习被视为一个持续、动态变化的过程，其核心目的在于积累和获取与创业相关的各类知识。创业者积极进行创业学习不仅可以丰富其知识储备，还能够在复杂多变的商业环境中保持高度的警觉性（王朝云和唐明月，2020）。在提高创业者警觉性的过程中，仅依赖创业者个人既有的技术水平和能力显然是不够的，创业者还需要不断地通过创业学习来更新旧知识，同时积累和学习新知识，这不仅为创业活动的顺利完成提供了坚实的保障，还是创业者积极适应环境变化，抓住市场机遇的关键。在创业过程中，创业者所面临的环境往往复杂多样，充满许多挑战和风险。此时，持续的学习成了创业者克服这些挑战、战胜风险的关键。通过学习，创业者能够不断积累创业经验，提升自身的知识储备，从而在应对复杂多变的环境时表现出更高的警觉性。这种警觉性能够帮助创业者在激烈的市场竞争中快速识别机遇与风险，做出正确的决策。此外，创业学习还督促创业者不断关注市场变化和行业内表现较好的企业，通过学习和借鉴这些企业的成功创业经验，可以帮助创业者积累更多的创业知识，从而提升自身的认知能力，进而推动创业警觉性的提高。创业者还可以通过对自身经验进行反思，在这一过程中提炼出宝贵的创业知识。张秀娥和徐雪娇（2019）指出，创业者通过不断积累知识，增强了对市场环境的敏感度，从而使得他们的创业活动在激烈的市场竞争中获得了更大的优势。

（二）外部因素

1. 创业环境

将创业环境界定为创业者所面对的独特背景。这一背景不仅是创业者开展创业活动的空间范畴，还包含了从创业意愿形成到创业实践推进过程中，所有对创业者产生影响的各类因素的综合体现（王转弟和马红玉，2020）。徐凤增和周键（2016）指出，创业警觉性是创业者所特有的一种个性特征，而这种特征需要在特定的情境条件下才能充分发挥其作用。创业环境作为影响创业者创业活动的关键因素，对创业警觉性的表现程度具有显著的影响。Tang 等（2012）认为，创业警觉性的出现需要依赖外部因素的刺激，创业环境是一个能够发挥触发作用的关键因素，它能够促使创业者对周边环境中的各种事物及资源保持高度的敏感和警觉。Christmann（2000）在研究中指出，当外部环境处于不确定的情境时，创业者会将环境中影响创业活动的因素进行认真分析，并对环境变化始终保持高度的警惕性。在企业创立的初期阶段，由于创业者所能获取和利用的资源相对有限，在这种情境下，他们会更加谨慎地识别和开发创业机会，同时对环境中的各种影响因素保持高度的警惕。当处于较为优越的创业环境下时，创业者所能接触到的资源更为广泛，从而能够构建更为丰富的资源网络。在资源充沛的情况下，创业者对市场机遇的警觉性会进一步提升。一旦发现市场中出现新的机遇，他们会迅速利用手中的优势资源来把握机会，从而获取那些不易被察觉的竞争优势。这不仅有助于企业的生存与发展，还能推动企业绩效的提升（王庆金等，2019）。

2. 社会网络

社会网络概念的出现最早在 20 世纪 30 年代，但真正被引入到管理学研究领域是在 20 世纪 70 年代，在这一时期，学者们开始关注社会网络在组织与管理问题中的应用。梅强等（2020）认为，社会网络是由不同个体之间多样化的联系交织而成的一种相对稳定且复杂的关系体系。它代表不同个体和组织之间的一种特殊的联系，在企业运营的过程中，社会网络成为企业获取信息和资源以及发掘创业机会的重要途径。社会网络在提升创业者的认知水平和警觉性等方面有重要的作用，可以帮助企业获取更多的信息资源，提升创业者的认知水平，拓宽创业者的眼界，想出更多新颖的创业想法。同时，社会网络还能促使创业者保持高度的警觉性，对潜在的市场环境变化和创业机会保持警惕，从而做出及时且明智的决策。Ko 和 Butler（2007）的研究揭示，创业者的内在知识积累与外部社会网络对市场敏感度和洞察力具有影响，进而直接影响到了创业警觉性的水平。Tang 等（2012）则在创业警觉性模型中进一步强调了社会网络的重要性。他们认为，社会网络不仅是一个信息交流的平台，更是影响创业者警觉性搜索和扫描广度与深度的关键因素。在这个模型中，社会网络被认为是影响创业警觉性的决定性因素，它关系到创业者是否能够在复杂多变的市场环境中迅速识别并抓住有利时机。随着社会网络的逐渐扩大，创业者与其利益相关者（如供应商、客户、投资者等）之间的关系也日益紧密。这种紧密的关系网络为创业者提供了更为丰富的信息和资源渠道，为创业活动的开展提供了充足的资源支撑。这不仅有利于降低创业风险，还能为活动的顺利开展提供保障。

四、创业警觉性的作用效果研究

创业警觉性的结果变量可以从个体和组织两个层面来进行讨论。个体层面，主要表现在对创业机会识别、创业意向等产生影响；组织层面，主要体现在创业决策以及企业绩效等方面。

（一）个体层面

1. 创业警觉性与创业机会识别

警觉性高的个体相比于其他人更容易察觉到市场中隐藏的机会。尽管创业者可能已经具备开展创业活动所需的各类资源，然而仅仅拥有这些资源不能为创业成功的实现提供保证。对于那些具备高警觉性的创业者来说，他们能够凭借对市场变化的敏锐洞察，捕捉到那些细微且不易被察觉的信息，并凭借这些信息来帮助创业者顺利开展创业活动。Ardichvili 和 Cardozo（2000）在其构建的创业机会识别模型中，清晰地阐述了创业警觉性对创业机会识别存在显著的正向促进作用。在此基础上，Ardichvili 等（2003）深入探讨了创业警觉性对机会识别的影响机制模型，他们的研究结果表明，创业警觉性不仅对创业机会识别存在显著的积极影响，同时创业者的个人特质和能力在两者间也发挥了重要的作用。这些特质和能力共同对创业者的警觉性水平起到了不同程度的影响，进而影响到他们是否能够在复杂多变、竞争激烈的市场中捕捉到促进自身发展的机会。Hansen 等（2011）的研究则更为详尽地阐述了创业机会识别的概念及其影响因素，该研究发现，在创业者的机会识别过程中，创业警觉性发挥了至关重要的作用，是推动创业成功的关键要素之一。创业者只有具备高度的警觉性，才能够在冗杂的市场信息中筛选出有价值的内容，进而转化为实际的创业行动。苗青（2007）在综合前人研究成果的基础上，提出了适用于我国情境下的创业机会识别模型。该模型不仅验证了创业警觉性在创业机会识别过程中所起到的关键作用，还表明了其对盈利性识别具有显著的正向影响。张秀娥和王超（2019）将创业警觉性看作一种能够敏锐地察觉并促进创业成功相关的能力，它使个体能够迅速识别出有价值的信息，进而更及时地发现并把握住创业机会。

2. 创业警觉性与创业意向

创业意向是深埋于创业者内心的一种强烈导向，它能指引创业者坚定不移地追求创业目标，并投入资源和精力以开展创业行动的心理状态，是预测个体创业行为的显性和有效变量（胡瑞等，2020）。较多研究探讨创业警觉性与创业意向之间的关系，并且证明创业警觉性能够有效预测个体的创业意向。梅强等（2020）则通过深入研究，进一步阐释了警觉性在创业决策中的重要性。他们认为，那些警觉性较高的个体，总是能够在复杂多变的市场环境中敏锐地捕捉到各种信息。他们不仅善于观察和搜集，还能够通过对所收集到的信息进行深层次的评估，从而准确判断某个创业机会是否具有足够的价值，以及未来项目的利润回报比例是否值得他们冒险投资创业。通过对市场以及商业价值等进行深入的评估，他们才会做出是否继续创业的决策，在这一决策形成的过程中，创业意向会受到很大的影响。张秀娥和王超（2019）的研究把创业警觉性当成中介变量来分析成就需要与创业意向之间的关系，研究指出，个体的成就需要作为一种内在动机，需要通过创业警觉性这一变量来对创业意向产生间接影响，也就是说拥有强烈成就需要的个体，如果自身具备较高的创业警觉性，那么他们就更容易在竞争激烈的市场中发现并抓住创业机会，进而形成较高的创业意向。创业活动是一个充满挑战的动态过程，这需要创业者在面对复杂多变的市场环境时保持高度的警惕，以准备抓住转瞬即逝的机会。总的来说，高创业警觉性的个体，能够更为敏锐地察觉到环境的动态变化，从而先于他人发现新的发展机遇，进而刺激个体以更强烈的意愿进行创业。

（二）组织层面

1. 创业警觉性与创业决策

创业决策是在充满不确定性的市场环境下，创业者为了追求更高的收益而展开的一系列行为且决定是否继续为实现该目标而投入各类资源的过程（孙维，2016）。具体来说，该过程涵盖了环境感知、创业机会识别、机会评估以及最终的决策行动这四个核心环节。这些环节之间联系紧密，对创业决策的结果有着重要的影响。苗青（2009）通过实证研究揭示了创业决策形成的微观机制，研究结果表明，创业警觉性在完成创业决策过程中起着重要的作用。创业警觉性能够通过提升创业者对创业机会的识别能力，进而对创业决策产生影响。韦雪艳（2012）以大学生为研究对象，发现创业警觉性的两个维度：探求挖掘与敏锐预见，均对创业决策具有正向的促进作用，大学生创业者积极搜寻和积累市场信息，并且保持高度的市场警觉时，他们的决策正确率往往会得到显著提升。此外，他们能够凭借对市场及消费者需求变化的敏锐洞察力，灵活调整生产与销售计划，以确保更好地满足市场需求，并据此制定出更为合理的创业决策。孙维（2016）研究表明，创业警觉性越强，创业者对信息的价值以及潜在机会的判断越容易，从而影响创业决策。马世洪（2020）的研究也表明，警觉性高的个体在判断各类信息的价值和潜在创业机会方面往往表现出更强的能力。这种能力不仅提升了创业决策的效率，还使得创业者能够迅速捕捉到市场中蕴含的新的机遇，并将其转化为具体的创业活动和行为。Tang 等（2021）探讨了新冠疫情封锁后中小企业是否重新开业的内在驱动因素，基于中国的 303 家小企业的两轮数据分析发现，在封锁解除之后，创业警觉性较高的创业者选择不再重新开业，并且创业警觉性与重新开业决策之间的负相关关系在创建时间更长的企业中减弱。

2. 创业警觉性与企业绩效

创业警觉性是构成创业活动的重要组成部分（Baron，2006），其对提高企业绩效也具有重要的作用。警觉性高的创业者能够敏锐地识别和利用市场中有价值的信息和资源，通过有效的资源整合和调配，提升企业对资源的利用效率和竞争力，从而推动绩效的提升。创业警觉性还促使创业者通过识别市场中有利于发展的新机会，使企业快速抢占先机，占领市场份额，获得更多的利润，从而进一步提升企业的绩效水平。创业警觉性高的创业者通常具有更为强烈的创新意识和冒险精神，他们敢于尝试新的商业模式、产品或服务，这有利于提升企业的创新水平和实现持续的发展。王庆金等（2019）在探究创业环境、创业警觉性和新创企业绩效的关系研究中指出，创业警觉性在两者之间发挥了桥梁作用。在良好的创业环境下，丰富的资源为高警觉性的创业者提供了开发机遇的条件，使他们能够利用资源优势形成难以复制的竞争优势，为企业的持续发展和成长奠定了基础，进而展现出卓越的绩效水平。苏海泉和陈曦（2020）的研究揭示，创业警觉性的两个维度——资源警觉性和机会警觉性，均对新创企业的绩效展现出积极的促进作用。陈敏灵和毛蕊欣（2021）的研究指出，创业警觉性的信息检索、联想连接以及评估判断三个维度对创业企业的绩效都有显著的正向影响。韩荣荣等（2021）认为，创业警觉性为创业者在机会识别和资源开发两个方面带来了显著优势。它使创业者能够从新颖且不寻常的事物中敏锐地发掘出潜在的机会，并利用这些机会强化自身竞争力，进而推动企业的规模扩张和绩效提升，最终实现企业的跨越式发展。

第三节　资源整合的相关研究

一、资源的内涵与分类

（一）资源的内涵

资源是创业与战略管理研究的核心概念之一，新企业创建与发展离不开资源要素，被视为新企业生存和构建竞争优势、实现价值创造的基础性要素（Barney，1991）。以资源基础观（Resource-Based View，RBV）为代表的经典理论认为，企业是异质性资源的集合体，资源的稀缺性、有价值性、不可模仿性和不可替代性（VRIN特性）是企业获得持续竞争优势的关键（Wernerfelt，1984；Barney，1991）。在创业研究领域，资源不仅是新企业创建的前提条件，更是机会开发与价值实现的重要载体（Brush et al.，2001）。

资源这一概念涉及多个学科领域，在不同学科中其内涵也有所差异，本书将聚焦管理学领域，对相关概念进行探讨和归纳。综观已有研究，学术界对资源的定义并不完全统一，不同学者基于研究视角的差异提出了多样化的界定方式。Wernerfelt（1984）认为，资源是企业在特定时间永久性或半永久性具备的有形和无形资产，是企业的优势或劣势。Barney（1991）则认为，企业资源是企业能控制的一种优势，能够用来构思和实施提高企业效率和有效性的战略，它包括企业所有资产、能力、组织过程、企业属性、信息、知识等。Grant（1991）将资源定义为企业生产过程中的各类输入要素，是对企业进行分析的基本单位，包括资本设备、员工个人技能、专利、品牌、金融等。罗辉道和项保华（2005）梳理了前人对资源的概念界定和分类标准，针对学术界关于企业资源的定义与分类不统一可能对相关理论发展产生的负面影响，一方面，从企业资源本身出发，将资源广义定义为企业所拥有或者所能控制的所有能给企业带来优势或者劣势的要素，这种资源概念与 Wernerfelt（1984）所提出的基本一致，并在此基础上进一步将广义资源划分为（包括有形资产和无形资产的）狭义资源与企业能力，体现出资源分类的层次性。另一方面，在战略资源论的基本思想下，从资源与企业竞争优势之间的关系角度出发，依据资源对促进企业竞争优势的效果大小将资源细分为一般性资源和战略性资源，综合两方面的界定以期为战略资源论提供一个统一的企业资源概念与分类框架。资源的内涵随着理论研究的深入和实践的发展不断丰富和拓展，涵盖了企业运营和发展所需的各种要素，包括但不限于人力、物力、财力、信息、技术、品牌等。

资源的特征决定了其在企业战略中的独特作用，主要体现在以下五个方面：①稀缺性。即在一定时间和空间范围内，资源的数量是有限的。这种稀缺性使企业需要合理地整合与配置资源，从而最大化资源的利用效率和价值创造能力。例如，在市场竞争中，稀缺的原材料、技术专利等资源往往成为企业竞争的焦点。②价值性。即一定条件下能够为企业带来经济利益，这种价值性可以体现在直接的经济效益上，也可以体现在间接的经济效益上。③异质性。资源在不同企业间的分布具有非对称性，这种异质性源于资源积累路径的差异（Barney，1991），例如，初创企业可能更多依赖创始人的行业经验，而成熟企业则更多依靠品牌声誉。④动态性。随着市场环境的变化和技术的进步，资源的价值和作用也会发生变化。随着数字化技术的发展，数据资源的价值逐渐凸显，日益成为支撑价值创造和促进数字经济发展的关键生产要素便是一个典型的例子。⑤互补性。单一资源难以独立创造价值，往往需与其他资源进行组合、协同发挥作用（Milgrom & Roberts，1995）。

（二）资源的分类

资源的分类是理解其作用机制的前提。结合相关文献梳理，将资源划分为不同的类别所参照的标准主要有资源属性和资源价值两个方面，已有研究中学者们也基于不同的分类标准提出了多种分类框架。

在资源属性方面，典型的是根据资源的表现形式进行划分，将资源分为有形资源和无形资源。有形资源是指具有物质形态的资源，是企业开展生产经营活动的物质基础，一般能够直接参与生产过程，从而为企业创造价值，如资金、土地、生产设备及原材料等；无形资源则指不具有外显物质形态的资产，如知识、信息、品牌、声誉、文化及管理制度等。类似地，郭培民和王富荣（2000）将资源划分为物化型资源和知识型资源，其中物化型资源也被称为物力资本资源，是指能够通过货币衡量与评价的有形资源，具有排他性、完全交易性和相对独立性等特征，如固定资产、资金、存货等；知识型资源也被称为人力资本资源，依附于员工或组织系统的人格化智力资源，如知识产权、组织资源、人力资源、社会资源等，知识资源能够更加体现企业的竞争力。赵道致和孙建勇（2007）结合当今时代的经济发展特征，将资源划分为物质资源、信息资源、资金资源和知识资源。其中，物质资源是指企业持有的、用于提供产品或服务且具有物质形态的资源；信息资源包含企业为了有效协调、控制生产和开展市场活动而持续收集到的各种信息以及构建的管理系统；资金资源泛指各种现金代表物，其价值可以通过货币价值进行衡量；知识资源是指企业员工及其积累的技术技能及企业管理相关知识，包括企业员工的创造性思维、生产专利等。

在资源价值方面，Wernerfelt（1984）以资源的发展潜力为标准，将资源分为固定资产、蓝图资源和文化资源三种类型，其中固定资产具有固定性和长期性方面的潜力，包括厂房、设备、采矿权、受过特定培训的员工、供应商或分销商体系等；蓝图资源具备无限性的潜力，如专利、品牌、声誉等；文化资源则具有短期潜力有限，但是从长期来看，具有潜力无限的特性，如企业的团队效应。罗辉道和项保华（2005）根据资源对促成企业竞争优势的效果，将资源划分为一般资源和战略资源，一般资源是指那些可模仿、易获取、不能给企业带来竞争优势的资源；而战略资源是指能够促成企业的竞争优势，根据 Barney（1991）的研究，有价值、稀有、难以模仿且不可替代的资源是持续竞争优势的源泉。

此外，还可以根据资源应用方面进行划分。例如，Wernerfelt（1984）在按照资源发展潜力分类的同时，还根据资源的使用方式对资源进行了独立应用资源、协同应用资源和定制化应用资源三方面的划分，并将两种分类方式作为两个维度组成资源类别的分析矩阵，进而探讨不同类型的资源的应用方案，从而为企业制定合适的资源配置策略提供参考。

二、资源整合的概念与维度

（一）资源整合的概念

学者 Wernerfelt 在 1984 年率先提出企业资源论，即资源基础论（RBT）。研究从资源而不是产品的角度看待企业，认为企业是一个资源的集合体。研究通过一系列分析明确资源在企业中的地位，并提出不同产品市场需要不同的资源组合，为企业的战略选择提供了不同的视角。该研究理论观点为后续学者对资源整合研究提供了借鉴和思路。资源基础理论（RBT）的基本思想是将企业视为资源的集合体，并解释不同企业的可持续优势及其差异。资源基础理论（RBT）提出两个假设：①企业拥有各种有形资源和无形资源，这些资源能够转化为独特的能力，但这些能力是难以复制的。②企业具备的独特资源和能力是其长期保持竞争优势的重要源泉。资源整合具有以下四个特征：①资源整合具有激活特征，能够将组织内外部资源进行激活和灵活化，否则难以发挥资源的价值和效能，更难以产生新的资源集；②资源整合具有动态性，由于创业行为及外部环境的动态性，企业的资源结构将保持与环境之间的互动，进而持续动态变化，否则难以适应创业环境的变化；③资源整合具有系统特征，在进行资源整合过程中，要将组织具备的资源视为一个整体，从而有效地调动和部署内部资源，并实现内部资源之间的高效配置以实施创业行动；④资源整合具有价值增值特征，通过对组织内部资源的创造性整合与配置，实现各种类型资源的有机结合，从而达到"1+1>2"的资源增值效应（马鸿佳，2008）。学者对资源整合的内涵进行一定研究，回顾先前资源基础理论的文献发现，资源整合概念主要从能力视角和过程视角切入，具体概念如表2-1所示。

表2-1 资源整合的概念

视角	文献来源	概念描述
能力视角	Ge 和 Dong（2008）	资源整合是指企业整合内外部资源以产生新资源进而充分高效运用资源的能力
	易朝辉等（2018）	资源整合能力是指创业者具备的识别、获取、部署、配置及利用创业资源的独特动态能力
	李振华等（2019）	孵化网络主体满足不同在孵企业的个性化资源需求的独特能力，包括资源辨识、资源获取与资源运用三方面的能力
	吕斯尧等（2021）	资源整合是指整合资源以形成企业能力
过程视角	Sirmon 等（2007）	资源整合是指对资源进行合理组合和配置从而形成新能力的过程
	Senyard 等（2014）	资源整合是指将一个参与者的资源整合到其他参与者的过程
	Salonen 和 Jaakkola（2015）	资源整合是指组织整合资源要素以最大化资源价值的过程

视角	文献来源	概念描述
过程视角	彭学兵等（2016）	资源整合是指企业获取所需资源后将其进行捆绑以形成和改变能力的过程
	Brush 等（2001）	资源整合是指企业在面对充满不确定性的市场环境和资源约束的情况下，为实现内外部创新资源可持续增长从而对内外部创新资源进行识别、获取、建设、配置和生成的过程
	鲁喜凤和郭海（2018）	资源整合是指企业将各类资源进行组合、配置从而创造经济价值的过程
	Bocconcelli 等（2020）	资源整合强调参与者共同创造价值的过程
	刘刚和孔文彬（2021）	资源整合是指将不同企业间的优势资源进行重组与优化的过程
	Jang 等（2022）	资源整合是指将焦点从单一利用一家企业的内部资源转移到结合各种内外部资源为产品/服务的使用提供独特观点的过程
	Lengnick-Hall 等（2011）	资源整合是指企业与其他相关企业直接或间接的资源部署、组合和交换

资料来源：笔者根据相关文献整理。

在能力视角下，资源整合被视为一种关键的企业能力。Ge 和 Dong（2008）认为，资源整合是企业将内外部资源进行配置与组合以产生新资源集合，进而充分、高效地运用资源以创造价值的能力。易朝辉等（2018）从能力视角理解资源整合对科技型小微企业绩效的影响，他们认为资源整合能力是创业者具备的识别、获取、部署、配置及利用创业资源的独特动态能力，能够帮助科技型小微企业在高度不确定的创业环境下，迅速地整合内外部资源，从而帮助企业构建竞争优势。李振华等（2019）探讨了在孵化网络下资源整合能力的内涵及其作用效果，他们认为，孵化网络资源整合能力是指孵化网络主体依托公共服务平台，在受到正式制度及非正式约束下，能够满足不同在孵企业的个性化资源需求的独特能力，包括资源辨识能力、资源获取能力与资源运用能力，其中，资源辨识能力反映了孵化网络成员在面对动荡及复杂的环境时，对各类资源进行准确甄别并有效部署的能力。吕斯尧等（2021）则简洁地指出，资源整合是形成企业能力的过程。这些观点共同突出了资源整合在企业能力构建和提升中的核心作用，强调了对资源的有效整合和利用是企业发展的关键。

在过程视角上，资源整合被描述为一系列动态的活动和过程。Sirmon 等

（2007）将资源整合是对资源进行合理组合和配置以形成新能力的过程。马鸿佳（2008）认为，新企业资源整合是指包含识别和获取必要资源，进一步加以有效配置以构建创业必需的资源集合，进而获取竞争优势和进行价值创造的过程，并且隐性资源和显性资源在其中起着不同的作用，显性资源是新企业资源整合的基础，而隐性资源是组织资源整合的重要形态，要尤为重视对隐性资源的甄别、激活与部署。董保宝等（2011）认为，资源整合不是静态的能力，是一个复杂的、动态的过程，具体指企业对不同类型、不同层次、不同结构及不同来源的资源进行甄别、激活、配置和融合，摒弃无价值资源，对原有资源进行重构，进而构建具有较强柔性、系统性和价值性的资源平台和体系的过程，并将资源整合过程进一步划分为资源识取与资源配用两个子过程。Ciabuschi等（2012）和彭学兵等（2016）进一步强调，资源整合是通过整合资源要素以最大化资源价值，或获取资源后进行捆绑以形成和改变能力的过程。主要强调资源整合在构建企业竞争优势和经济价值中的基础性作用。Lengnick-Hall等（2011）则进一步扩展了这一概念，将其视为企业与其他相关企业间的资源部署、组合和交换的过程。这些观点表明，资源整合不仅是企业内部资源的简单重组，更涉及企业与外部环境的互动和资源的有效整合，以构建企业独特的竞争优势和价值创造体系。

基于以上分析，本书认为，资源整合是指企业在不同视角下，通过获取、配置、激活、利用和重组内外部资源，以形成新的能力、最大化资源价值、创造经济价值及获得竞争优势的过程（见表2-1）。

（二）资源整合的维度

基于资源整合内涵的研究，学者在资源整合维度划分上进行一定研究。回顾已有文献发现资源整合维度划分主要依据三个视角：能力视角、过程视角及方式视角。

在能力视角上，学者将资源整合看作一种利用资源的能力，并从能力的角度对资源整合进行维度的划分。Kraaijenbrink等（2007）特别关注高新技术小型企业的信息资源缺乏问题，认为资源整合能力包含三种：资源识别能力、资源获取能力以及资源运用能力。Ge和Dong（2008）基于先前研究，在四个子过程划分基础上，认为前两个整合过程是企业处理外部资源，后两个过程是企业处理企业内部资源，将四个子过程总结为两个主要过程，认为资源整合能力包括资源识取能力和资源分配利用能力。能力视角下主要将资源整合作为企业的一项能力来看，因而在分析其影响因素时主要从能力的形成或作用机理着手。在能力的形成方面，买忆媛和徐承志（2012）突破传统工作经验的时间维度测量，通过解构社会创业者的创业经验与行业经验，揭示了能力积累的差异化路径。研究发现，创业经验通过隐性知识传承和社会资本沉淀，直接影响人才吸引与金融资源获取能力；而行业经验则通过行业认知权威的建立，扩大对政府和行业网络的影响力。这种基于经验特质的资源整合能力分化，揭示了创业者能力形成过程中结构化知识的转化机制。王凯等（2018）聚焦于开放式创新模式下企业创新资源整合能力的形成机理，通过融合知识基础观和动态能力理论，构建了企业创新资源整合能力形成机理的集成分析框架，认为影响企业创新资源整合能力的除制度、文化、技术、社会规范等多种因素外，还有动机层面的创新氛围、组织学习和吸收能力、企业创新能力，以及包括政策支持、产业环境、宏观经济环境和政府创新政策在内的环境因素。

在过程视角上，学者将资源整合看作对资源进行识别、获取和利用的过程，并从过程的视角对资源整合进行维度的划分。Brush 等（2001）研究通过对 Palm Computing 和 Handspring 两个案例的研究与分析得出，新创企业的资源整合过程应该包括集中资源、吸引资源、整合资源和转化资源四个部分。饶扬德（2006）研究认为，资源整合过程对提升企业能力和增强企业竞争优势具有重大意义，并提出资源整合包括三个子过程：资源识别与选择、资源汲取与配置及资源激活与融合。Sirmon 等（2007）研究提出，资源管理是将资源捆绑起来构建能力，并利用这些能力为客户和所有者创造和维护价值的过程，提出资源捆绑，即资源整合过程包括稳定调整、丰富细化和开拓创造三个环节。马鸿佳（2008）在饶扬德（2006）研究的基础上对资源整合过程进行更细致的拆解，将资源整合过程细化成四个子过程：资源识别、资源获取、资源配置以及资源运用。董保宝等（2011）结合 Ge 和 Dong（2008）以及马鸿佳（2008）研究，认为资源识别、资源获取是处理企业外部资源的过程，而资源配置、资源运用是处理企业内部资源的过程，将企业资源整合过程归纳为资源识取与资源配用两个维度。Desa 和 Basu（2013）研究为解决企业面临的资源约束问题，基于资源拼凑理论将企业资源整合过程划分为资源拼凑和资源优化。

在方式视角上，学者将对资源整合的关注点落在实施方式和导向上，侧重于实施方式上。Cording 等（2008）研究根据行业内外的差异将资源整合划分为跨行业资源整合和行业内资源整合。蔡莉和尹苗苗（2009）在 Sirmon 等（2007）研究基础上，认为前两种资源整合方式都属于渐进式的整合，而最后一种属于突变式的整合，将资源整合进一步总结为稳定型资源整合和突变型资源整合。Brettel 等（2012）研究基于资源整合出发点的不同，将资源整合划分为手段导向型资源整合（核心是关注现有资源）和目标导向型资源整合（核心是关注项目目标）。而田增瑞等（2015）研究则是认为，根据整合效果的不同，企业资源整合过程也是企业资源集合和企业业务资源变化的过程。从这个视角出发将企业资源整合划分为五种类型：获取型资源整合、调整型资源整合、挖掘型资源整合、合作型资源整合和创造型资源整合。彭学兵（2016）研究指出，为区分相同类型及不同类型资源之间的整合方面存在的差异，借用物理学中"耦合"和软件工程学中"内聚"两个概念，将新企业的资源整合划分为两种方式：资源内聚与资源耦合。

三、资源整合的影响因素研究

资源整合是指企业在不同视角下，通过获取、配置、激活、利用和重组内外部资源，以形成新的能力、最大化资源价值、创造经济价值及获得竞争优势的过程。关于资源整合的概念及维度划分是研究资源整合的基本前提，正确且清晰地认识资源整合的概念和内涵是对其影响因素进行深入分析和探讨的基础。资源整合的影响因素是一个较为重要的话题，从识别资源整合的关键影响因素出发，能够有针对性地制定资源整合能力优化策略。通过对资源整合的相关文献梳理发现，学者主要关注了创业者个体特征、组织特征、社会网络及环境因素等对资源整合的影响。

（一）创业者个体特征

在创业过程中，创业者的特质、经验以及能力等个人特征对新企业创建与成长存在至关重要的作用，因此，较多学者从创业者个人特征角度探讨资源整合的影响因素。王旭和朱秀梅（2010）从创业过程的动态视角出发，将创业动机区分为主动型（拉动型）与被动型（推动型），并基于长春371家科技型企业的调研数据，通过结构方程模型的数据分析揭示了创业动机类型与资源整合方式之间的关联性，研究发现，主动型创业者更倾向于选择技术驱动型或人力资本驱动型的资源整合路径，即通过核心技术能力或团队人才优势吸引其他资源向企业汇聚。这一结论不仅表明创业者动机的主动性特质直接影响其对资源整合核心要素的判断，更隐含了个体特征在资源识别与配置中的潜在作用。此外，汪建成和林欣（2021）聚焦社会创业资源如何获取和利用的议题，基于资源基础理论的观点，将社会创业资源整合过程划分为资源识别与选择、资源获取、资源激活与再造三个阶段，采用案例分析法分阶段对影响资源整合的因素进行了探究。研究发现，资源整合不同阶段的影响因素有所差异：在资源识别与选择阶段主要受创业者的个体特征的影响，其中资源警觉性起到了尤为关键的作用，而创业者的背景、经验等影响其对相关行业知识和信息的认知和判断进而影响资源的识别；资源获取阶段创业主体的社会网络是重要影响因素，一方面创业主体本身能够嵌入社会网络获取资源，另一方面能够通过发展网络关系寻求新的合作伙伴，为企业引入新的资源；而资源激活与再造过程中，组织学习和创新的影响较大，组织学习是利用资源创造价值的基础，创新则能够进一步激发资源的潜力，使资源整合具备更多的可能性。孙秀梅等（2021）借鉴资源管理理论的观点，探讨了创业者的行业经验、资源整合与商业模式创新性之间的关系，基于132家新企业样本的实证分析发现，行业内的工作经验促使创业者倾向于采取稳定型资源整合方式，进而对高创新性商业模式设计产生消极影响，而行业外的工作经验则驱动创业者采取开拓型资源整合方式，进而对高创新性商业模式设计产生显著的积极影响。

（二）组织特征

学者从不同的角度探讨了组织特征对资源整合的影响。早期刘高勇和汪会玲（2006）从系统论的角度出发研究信息资源整合推进模式，主张对信息资源整合的研究要均衡考虑技术、战略管理、组织集成等多个方面因素。其研究认为，信息资源整合必须同组织因素相融合才能够实现其应有的价值，因而受组织结构、组织文化、组织环境、组织管理模式等多种因素的影响。在动态能力理论的发展和渗透过程中，有学者关注到组织特征的能动性作用。例如，蔡莉和尹苗苗（2009）以新创企业为研究对象，基于组织学习理论，采用结构方程模型进行实证分析，揭示了学习能力通过影响资源整合方式进而影响企业绩效的作用机制。在其研究中，重点关注了两种资源整合方式，分别为对现有资源进行微调的稳定调整资源整合方式和需要探索性地整合新资源的开拓创造资源整合方式，经理论推演和实证检验，发现学习能力对两种资源整合方式均具有积极影响。企业的学习能力作为一项重要无形资产，在环境快速变化的时代，越来越成为最重要的核心能力之一。

随着研究视角向动态演变拓展，学者开始关注企业在不同发展阶段所呈现的异质性特征。尹苗苗等（2014）基于中国经济转型情境，在探究市场投机导向和技术投机导向对资源整合的动态影响机制的同时，引入企业生命周期理论分析新企业在创建期与成长期的影响差异。通过分层回归分析发现：市场投机导向无论在创建期还是成长期，都对企业资源整合造成积极影响，具体表现在新企业通过市场信息不对称获取"套利"机会的倾向，能够促进新企业在创建期正确识别手头资源价值、在成长期充分挖掘冗余资源潜力；而技术投机导向在创建期对企业资源配置积极影响，但在成长期造成负面影响，表现为企业对成熟技术或产品模仿的这类技术投机行为短期能够使企业快速调动有限资源降低创新风险，长期将抑制资源价值的发掘和创新能力的培养。该研究将时间维度纳入分析框架，表明组织特征并非静态存在，而是伴随发展阶段更迭形成特定的资源整合逻辑，这一动态过程在王莉静和丁琬君（2021）的研究中得到更细致的阐释，他们主要从企业的生命周期出发，采用扎根理论对国内外 12 家创新企业进行深入分析，通过实证研究和理论演绎，探讨了这些企业在创业过程中资源整合的影响因素，发现处于初创期、成长期、成熟期三个不同阶段的制造业企业创新的资源整合的共同影响因素包括创新战略、组织结构调整、创新情境和运营环节，其中创新战略是先决因素，组织结构调整、创新情境、运营环节是驱动因素。此外，制造业企业从初创期到成熟期，资源特征具有显著差异在对外开放广度、资源匹配程度、多方交互强度三个方面均表现从小到大的变化趋势，也对创新过程中资源整合方式产生了影响。这种资源特征从封闭到开放的渐变过程，进一步印证了生命周期理论对企业资源整合方式演变的解释力。

值得注意的是，资源整合的动态性不仅体现为生命周期阶段的被动适应，更蕴含着企业基于战略需求主动重构组织特征的能动选择。Salonen 和 Jaakkola（2015）聚焦于企业在业务转型过程中资源整合策略的选择逻辑，通过理论梳理与案例对比揭示组织特征的动态匹配机制，该研究构建了由身份、能力、效率和权力四个维度构成的企业边界分析框架，从这四个维度的内在驱动机理入手，并结合选择相反策略以整合资源的两家制造业巨头企业进行深入的案例研究，提出了与不同组织特征匹配的资源整合策略：在战略身份方面，如果企业需突破原有产品边界或应对市场饱和，那么更适合采用内部资源整合策略；如果企业旨在强化现有核心产品优势，那么适合外部资源整合策略。在能力结构方面，如果企业所需资源涉及的知识领域与技术基础接近企业现有能力体系，宜采用内部资源整合策略，而涉及整合异质性的知识或技术则更适于采取外部资源整合策略。在效率需求方面，企业系统需完整集成且难以模块化则内部整合可降低交易成本，如果系统易于模块化或可通过标准化接口拆分，那么外部整合更高效。在权力关系方面，当企业不具备或难以建立市场渠道优势时，适合内部整合策略，反之适合外部整合策略。

（三）社会网络

从网络角度出发，探讨资源整合过程的影响因素是学者们关注的焦点。蔡宁和吴结兵（2002）研究了企业集群的竞争优势来源，试图融合资源基础理论和"结构—行为—绩效"的分析框架来剖析集群竞争优势的形成机理。其研究认为，集群的资源禀赋和资源整合能力是其竞争优势的主要来源，而集群的规模与结构又从根本上影响着集群资源及其整合情况。具体到不同结构的集群，以大企业为中心、众多小企业为外围的中卫型结构集群内部，企业更多地通过合作模式来达成资源的整合；与之相对的市场型结构集群，群内企业间主要以市场交易等水平联系为主，其与外部的资源交流呈现全方位态势，群内企业则主要借助竞合方式来迅速应对资源调整。李振华等（2019）以京津地区201家孵化器为样本，验证了网络规模、关系强度与质量对资源整合能力的正向影响，其研究将孵化网络结构社会资本定义为孵化器协会作用下以孵化器为主体的协会会员之间的联结模式，可以从网络规模、关系强度和关系质量三个方面进行度量。而孵化网络的资源整合能力则认为是孵化器协会在一定约束条件下满足在孵企业特定资源需求的能力，具体包括对资源的辨识、获取和运用能力。李振华等（2019）的研究验证了孵化网络结构社会资本对资源整合能力的资源辨识、获取和运用能力三个维度均有显著正向影响。根据其研究结论，协会作用下孵化网络结构社会资本的积累能够有效提高资源整合能力，进而提升孵化绩效。

随着网络分析方法的引入，肖冰等（2009）探讨并构建了中小企业集群复杂网络结构与资源整合能力关系的复杂网络模型，从网络密度、中心性、结构对等性、结构洞与社会资本五个维度系统考察资源整合能力在广度、深度、速度及开放性四个维度的表现。研究发现，网络结构对资源整合能力的影响在不同的方面有所差异，其中对于资源整合的广度和深度，中小企业集群复杂网络的网络密度、网络中心性、网络结构对等性、结构洞与社会资本五个方面均具有显著的影响，而网络中心性、网络结构对等性和社会资本对资源整合的速度具有显著的影响，网络密度和网络结构对等性则只对资源整合的开放性程度具有显著的影响。王文寅和菅宇环（2013）则通过系统的文献检索与梳理提出，社会网络的密度、强度、互惠性、关系非重复性及位置中心性等维度与资源整合行为存在显著关联。在社会网络密度与强度方面，相较于强社会网络关系产生的信息往往是重复的、弱连接关系的个体掌握的信息可能更具流通价值（Granovetter，1973）。资源也是同理，企业间的网络强度与网络密度过大，使企业间的资源和信息趋于同质化，虽然可降低资源整合的成本，但在很大程度上所获得的是冗余的资源（王贤梅和胡汉辉，2009）。此外，网络互惠程度能够增强企业间的相互信任，非重复性的关系则为多样性资源获取提供了有利条件，而占据中心位置则不仅有利于高效关键资源，还掌握着整合过程的主导权，这与肖冰提出的中心性作用形成了理论衔接。Bocconcelli 等（2020）则认为，网络化互动机制在解析资源整合驱动价值共同创造的内在逻辑中具有关键作用，指出多元主体间的动态交互是资源整合实践的先决条件。

（四）环境因素

新企业的创建和发展始终与其所处环境形成共生关系，这决定了资源整合必须将环境变量纳入系统性的考量中。尹苗苗和马艳丽（2014）在引入情境因素后，进一步对蔡莉和尹苗苗（2009）的研究进行了补充和完善，他们依据战略管理理论和资源依赖理论构建研究模型，在探究资源整合对企业绩效的影响过程中引入环境特征作为情境变量，从环境的动态性和宽松性两个维度将情境分为四个象限，为便于区分是环境动态性还是宽松性发挥主要作用，其研究主要关注"高宽松—低动态"和"低宽松—高动态"两种环境情境。而在资源整合方面，其研究也主要关注稳定型和突变型两种极端方式。通过以新创企业为研究对象的实证研究，发现在高宽松、低动态环境情境下，稳定型和突变型资源整合均对新创企业绩效具有积极影响，而在低宽松、高动态环境中，只有突变型资源整合对新创企业绩效具有积极影响。此外，谭云清等（2021）关注了在中美贸易摩擦与新冠疫情常态化等构成复杂环境下中国对外投资（OFDI）企业所面临的挑战，深入探讨了环境不确定性、资源整合与国际化绩效间的影响机制。其研究将环境不确定性划分为技术不确定性、需求不确定性和供应不确定性三个维度，并从资源拼凑和资源优化两个方面度量资源整合。实证研究结果表明，虽然环境不确定性能够影响资源整合，但不同维度对资源整合的影响存在显著的差异：技术不确定性与需求不确定性显著促进资源拼凑与优化，而供应不确定性仅对资源优化产生正向作用，对资源拼凑的影响未达显著水平，这种差异源于供应链断裂情境下核心资源获取的刚性约束，使得临时性拼凑难以奏效，倒逼企业转向长期资源优化策略。

另外，也有学者综合前文的主体、客体和环境三个方面对资源整合的因素进行了探究，如王莉静和李菲菲（2018）基于灰色关联度分析法，对中小制造企业创新资源整合的影响因素进行了系统研究。其研究结合相关领域的专家和企业高管对影响因素的评估和判断，基于资源整合过程分析创新资源整合系统，从动态视角分析创新资源整合的主体、客体、环境三个方面影响因素入手，最终确定了九个主要影响因素，分别为联盟网络、动态能力、整合意愿、资源异质性、资源禀赋、资源分布、市场导向、技术环境和政策法规，该研究还通过对专用设备制造行业的样本进行了实证研究，验证了各因素对创新资源整合具有影响作用，且发现对于研究涉及的专用设备制造行业，动态能力是其中最重要的影响因素。

四、资源整合的作用效果研究

在动态复杂的商业环境中，资源整合已成为企业构建核心竞争力的关键战略行为。现有对资源整合作用效果的研究主要围绕企业与创新绩效两个维度展开，在作用结果性质方面也更多的是体现资源整合在特定边界条件下的正向促进作用，鲜有对其负面影响进行揭示，如 Sirmon 等（2007）发现当企业资源整合偏离行业基准，或者与市场部署策略不匹配将对企业绩效造成负面影响。

（一）资源整合与企业创新

资源整合在创新领域的研究表现出从创新绩效总体向细分创新领域深化的趋势。早期研究多聚焦创新绩效的整体提升效应，葛宝山和王浩宇（2017）将创业拼凑概念融入资源整合理论中，通过对创业企业的调查数据进行实证研究，发现资源整合能够促进企业创新，而创业学习在两者间发挥完全中介作用，即资源整合是通过创业学习间接驱动创业企业创新的。张公一和孙晓欧（2013）将扩散效应引入科技资源整合体系，以研究科技资源整合对创新绩效的作用机理。通过大样本的实证研究，发现科技资源整合的过程、能力两个维度及其扩散效应均对企业创新绩效具有积极影响。其中，扩散效应则主要通过影响企业的资源集散和规模经济、促进联盟互动合作和资源共享以及促成企业对新知识的学习和利用三个方面的作用，推动了企业创新绩效的增长。付丙海等（2015）综合借鉴开放式创新理论和资源基础理论的观点，从资源—能力—绩效视角出发，构建了创新链资源整合、双元性创新和创新绩效的关系模型，通过对长三角地区新创企业的问卷数据进行分析发现，创新链资源整合显著积极影响新创企业的创新绩效，而且不仅能够直接影响企业的创新绩效，还能够通过促进企业创新能力的提高，间接影响创新绩效。张振刚等（2020）在研究创新网络资源整合、双元创新对制造企业创新绩效的影响时，并在模型中引入环境不确定性作为调节变量，基于对我国制造业企业调查问卷数据的实证分析表明，创新网络资源整合对双元创新以及创新绩效均具有正向的影响作用。一方面，企业有效整合创新网络资源，合理利用纵向产业链方面的资源有助于识别机会开发新技术，横向与高校、政府和金融机构等的联合有利于获取及利用人才、技术和资金等资源，从而能够为创新活动提供良好的资源基础，最终作用于企业创新绩效。另一方面，企业通过创新网络资源整合能够将其他企业在技术、资金等方面的优势作为互补性资源，对加速研发进程、攻克关键核心技术瓶颈大有裨益，从而实现创新绩效的系统性提升。

随着研究深入，学者开始关注资源整合对具体创新类型或具体创新领域的影响。例如，邓渝（2019）综合了动态资源管理和联盟伙伴竞争的研究视角，对联盟伙伴竞争情境下焦点企业如何借助资源整合实现突破式创新这一问题进行了探讨，认为联盟组合的资源互补、共享知识以及在价值链横向或纵向的创新资源整合，能够有效提升企业乃至联盟整体的创新水平。高水平的联盟间竞争一方面会降低企业间信任水平，抑制资源整合有效性；另一方面刺激效率改进的利用式创新倾向，而不利于突破式创新的发展。其研究基于对高科技企业的实证分析，证实了有效资源整合对焦点企业突破性创新能够起到积极的促进作用，而联盟伙伴竞争关系会削弱两者的正向关系。迟考勋和邵月婷（2020）从资源结构整体特性出发，深入探讨了新创企业资源整合方式如何影响商业模式创新的绩效表现这一问题。在其研究中，首先验证了商业模式创新对新创企业绩效的正向影响作用，继而以资源整合为调节变量，进一步检验了稳定型、完善型和开拓型三种资源整合方式对商业模式创新的绩效表现的影响，具体表现为：企业采用稳定型资源整合方式，坚持保有传统的资源结构，将抑制对商业模式创新价值的发掘，从而减弱商业模式创新的绩效表现；如果采用完善型资源整合方式，那么在传统资源结构的基础上进行创新，让传统资源继续发挥作用的同时探索新的资源连接方式，能够实现商业模式创新和企业价值提升的两项兼顾，从而有效促进商业模式创新绩效；然而，开拓型资源整合对商业模式创新绩效表现的影响并不显著。

孙秀梅等（2021）同样也关注了资源整合对商业模式创新的影响，认为资源整合方式也会对商业模式的创新产生影响。其中，对现有资源进行渐进性调整的稳定型资源整合方式会进一步固化现有交易类型和商业模式，从而抑制新创企业对新产品或新模式的追求，不利于商业模式创新；而开拓型资源整合既强调对资源的创造性重组利用，又刺激企业对新资源的需求，对于新创企业来说，将有力激发其搭建独特资源结构形成竞争优势的热情，从而为商业模式的创新带来更多可能。弋亚群等（2023）探究了资源整合对新产品开发绩效的影响机制，研究认为，资源整合对企业的新产品开发绩效有积极影响；从不同的资源整合方式来看，稳固型资源在整合过程中企业可以基于传统的模式、流程、工艺等，惯例式地将资源投入产品开发并进行改进创新，通过优化工艺流程、提升运营效率、削减成本等路径而提升新产品开发绩效；而开拓型资源整合能够有效克服路径依赖和流程惰性，通过形成新能力、构建新的竞争优势、识别新的市场机会等路径而积极影响新产品开发绩效；并且对比研究发现，开拓型资源整合对企业新产品开发绩效的促进作用强于稳固型资源整合。

（二）资源整合与企业绩效

一方面，在资源整合的直接作用上，众多学者的研究表明资源整合能够对企业绩效产生正向影响，如彭伟和符正平（2015）从资源的动态管理视角，通过对182家中国高科技新创企业的问卷调查数据的实证研究，验证了资源整合对新创企业绩效的积极作用。而彭学兵等（2019）在研究新创企业资源整合与企业绩效关系的过程中引入对效果推理逻辑的考量，通过实证研究从四个方面验证了效果推理型资源整合对企业绩效的积极影响：①在可承担损失方面，新创企业把握市场机会适度地承担风险，平衡资源的配置利用，可以促进企业绩效的提高；②在战略联盟方面，新创企业从联盟的知识、技术等资源共享中获益的同时，能够有效促进自身学习能力的提高，有助于培养持续发展能力、形成竞争优势，最终在企业绩效上取得良好回馈；③在利用权变方面，新创企业保持组织的灵活性，在动态环境中随时调整组织结构和资源需求，有助于企业适应并利用环境等因素的变化，促进企业绩效改善；④在手段导向方面，新创企业基于现有资源和手段的决策，充分挖掘资源价值、提高资源的利用效率，是企业应对不断出现的新挑战并保证良好绩效水平的有效途径。在其后续研究中，进一步突破了单维视角，提出创业资源整合的内聚—耦合二元模型，从创业资源内聚和创业资源耦合两个维度着手，探讨对企业绩效的影响。创业资源内聚倾向于对企业资源库进行细化或类聚的规整，以减少无效和冗余、增强企业某类资源的领先优势，从而提高新创企业绩效；创业资源耦合强调对不同类型资源的整合，通过形成互补效应和协同效应促进企业绩效的提升（彭学兵等，2019）。

另一方面，资源整合对企业绩效的多样化作用路径也逐渐被揭示。易朝辉等（2018）基于资源基础理论的观点，聚焦于资源整合能力对科技型小微企业绩效的影响机制，基于316份样本的数据进行实证分析发现，资源整合能力积极影响科技型小微企业绩效，并且通过效率型及创新型商业模式创新路径而对科技型小微企业绩效产生间接作用。孟卫东和杨伟明（2018）也对资源整合与企业绩效间的影响机制进行了更加深入的探讨。其研究整合资源基础理论和双元理论，构建了联盟组合中资源整合、双元合作以及焦点企业绩效的分析模型，其中联盟组合中资源整合从资源识取和资源配用两个方面进行衡量，研究发现，双元合作在资源识取与企业绩效之间关系中发挥部分中介作用，而在资源配用与企业绩效之间关系中发挥完全中介作用。

（三）资源整合与企业竞争优势

部分研究借鉴资源基础理论的观点，认为企业掌握有价值的、稀缺的、难以模仿和不可替代的资源是竞争优势的源泉，且组织内外部资源需要有效地整合以构建独特的资源平台和能力，进而促进持续竞争优势的构建（Barney，1991）。因此，部分学者探讨资源整合对企业竞争优势的影响。Sirmon等（2007）研究认为，新企业对资源进行部署和配置过程将影响其竞争优势，首先，新企业需要识别内外部关键资源，其次进行有效的排序、部署和配置，并通过恰当的手段整合资源已形成独特的能力，从而提升新企业的竞争优势。董保宝等（2011）整合资源基础理论与动态能力理论的观点，构建了资源整合过程（资源识取和资源配用）、动态能力与企业竞争优势间的关系模型，打开了资源与企业竞争优势之间关系的内在"黑箱"，基于东北地区的187份调查问卷进行实证分析发现，资源识取对竞争优势的作用关系不显著，资源配用显著积极影响竞争优势，并且动态能力在外部资源识取与竞争优势间起着完全中介作用，在资源配用与竞争优势间起着部分中介作用。

第四节 机会识别的相关研究

一、创业机会的概念与分类

（一）创业机会的概念

机会是创业研究领域重点关注的主题之一，以 Shane 和 Venkataraman（2000）为代表的许多研究将如何识别和开发机会视为创业研究的核心问题，并尝试从创业机会视角以解析复杂的创业过程。Gartner 等（1985）将创业活动界定为创业者在机会与资源的互动过程中开展相关组织活动，进而为企业和顾客创造价值的复杂过程。Timmons（1987）也指出，除了资源和创业者/团队两个要素外，机会是创业过程中不可或缺的要素，是新企业得以成功创建和发展的重要内在驱动力之一。后续大量学者对创业机会开展了大量的研究，探讨了机会的概念、特征、类型、来源、机会识别、开发过程以及相关影响因素等方面的内容，但是文献梳理发现，既有研究对机会本身的概念尚未达成共识，不同学术背景和研究目的的学者对创业机会的概念存在不同的观点，表 2-2 列举了部分创业机会概念的文献信息及其主要观点。借鉴汤淑琴等（2015）、王朝云（2010）、Shane 和 Venkataraman（2000）等研究的观点，本书研究将创业机会界定为能够通过开发资源以创办新企业或既有企业开创新事业的恰当时机，并且创业机会的来源包括两方面：外部环境变化形成和内生资源迭代行为创造。

表 2-2　创业机会的概念研究

创业机会的概念	作者
创业机会是指能够产生新产品、新服务、新原材料和组织管理流程，从而促使产出能够以高于成本价格售出的时机，主要包括市场和产品两个方面	Shane 和 Venkataraman（2000）
创业机会是指未被明确的价值诉求以及未被充分利用或利用效率低的资源和能力	Ardichvili 等（2003）
创业机会反映了能够对市场无效性进行开发进而追逐利润的可行时机，这种时机是在非饱和市场上提供改进或创新的产品、服务、原材料及组织方法	Smith 等（2009）
机会是从事某项活动的有利通道和恰当时机；创业机会则为创建新企业或既有企业开创新事业的有利通道和恰当时机。创业机会由市场维度（市场需求、市场进入）、资源维度（资金、新技术等）、创业者维度（促成创业者的条件与时机）和相关支持系统维度（政策、法规等）等组成	王朝云（2010）
机会是一种与创业者无关的客观现象，或者是源于创业者认知和行为的主观现象，往往被描述为新想法或者是未被开发的项目、商业模式和具有潜力的冒险活动	Hansen 等（2011）
创业机会是对产品市场和要素市场的不完全性进行开发和利用的可能性，以促使在市场上提供创新性产品/服务、原材料和组织方法，并且认为机会是客观的，这样才能将机会与个体分离，但是，后续的创业机会开发过程离不开主观的商业创意行为	张红和葛宝山（2014）

创业机会的概念	作者
创业机会是独立于创业者而客观存在的倾向，这种倾向往往以未被满足的、可转化为利润的、可被建构的市场需求形式存在，创业过程是创业者在高度不确定创业情境下不断发现和创造机会的迭代过程，这种观点认可了机会的发现观与创造观本质，发现型机会与创造型机会同时存在，且两者间可通过机会集路径进行转化	蔡义茹等（2022）

资料来源：笔者根据相关文献整理。

（二）创业机会的分类

关于创业机会的分类研究方面，既有研究对其划分标准和理论角度存在差异。对创业机会的特质和分类进行探讨有助于深入理解创业机会识别的内在本质，不同类型机会的识别过程、影响因素及其对创业产出的影响均存在差异，因此接下来将梳理不同研究对机会类型的划分。

Samuelsson（2009）根据机会与组织现有主营业务的接近程度将机会划分为创新型机会和均衡型机会，其中创新型机会来源于创业者的创新性和风险承担行为，机会开发的结果往往是打破现有的市场平衡，与激进式创新观点相似；相反，均衡型机会则源于现有市场中的供需不平衡，机会开发的结果往往与企业的现有主营业务差异不大。此外，开发和利用这两种机会需要的成本和面临的风险存在显著的差异，一般而言，开发创新型机会投入的时间和成本更长，面临的风险也更大，是一个非线性过程。

张玉利等（2008）根据机会对市场上的现有"手段—目的"关系的创新程度，认为创业机会本质上是位于复制型机会与创新型机会两种极端特性之间的连续体，特定的机会在连续体中的位置取决于其所蕴含的"手段—目的"之间关系的特征以及其新颖程度（见图2-1）。市场中存在两种供求关系组合的变化形式，这两种形式将滋生出复制型机会和创新型机会。第一种变化源于奥地利学派提出的现有供求关系内资源配置改进和优化，在市场系统中，个体之间的信息不对称将导致其做出错误的决策，进而导致现有供求关系中的资源配置效率偏低，在这种情境下，驱动已有供求关系资源配置优化的复制型机会将随之出现，复制型机会的本质是对已有"手段—目的"关系的具有改进和优化。第二种变化则源于市场系统中的创造性破坏，即由于新技术、新知识、新原材料和新管理模型等因素的影响，从根本上改变了现有供求关系，这种变化衍生出创新型机会，在这种情况下，那些较早感知资源不同使用方式方面信息的市场主体将更容易发现新的供求关系，创造新的"手段—目的"关系，从而打破现有的经济系统均衡。

图 2-1　张玉利等（2008）的创业机会分类

资料来源：张玉利，杨俊，任兵. 社会资本、先前经验与创业机会——一个交互效应模型及其启示[J]. 管理世界，2008（7）：91-102.

Saemundsson 和 Dahlstrand（2005）基于创业者具备的技术知识和市场知识的新旧程度，从机会新颖性角度区分了机会类型。从机会的发现观角度来讲，创业机会的新颖性与创业者的先验知识积极相关，如果创业者不具备新颖知识，那么难以识别创新性更强的机会，其中技术知识和市场知识是影响机会新颖程度的两个重要维度，基于这两个维度区分出四种类型的机会（见图 2-2）。第一象限是基于现有技术知识和现有市场知识发现的机会，是创新性程度最低的机会，机会开发的结果将带来渐进式创新；第二象限是基于新技术知识和现有市场知识的机会，即在现有的市场环境中利用新技术、引入新产品/服务，这种机会开发的结果

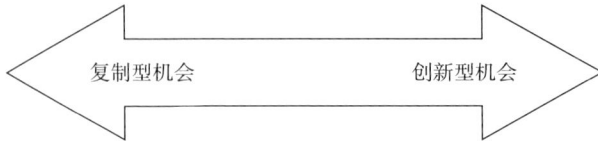

图 2-2　Saemundsson 和 Dahlstrand（2005）的机会分类

资料来源：Saemundsson R, Dahlstrand A L. How business opportunities constrain young technology-based firms from growing into medium-sized firms [J]. Small Business Economics, 2005, 24（2）：113-129.

将增加产品/服务的特色；第三象限是基于新技术知识和新市场知识发现的类型
机会开发成功将为企业带来激进式创新；第四象限是基于现有技术知识和新市场
知识发现的机会，即利用现有技术和产品以满足新兴市场需求，这往往导致新产
业出现或是现有产业的变革。

Ardichvili 等（2003）从价值诉求和价值创造能力两个方面的明确程度将机
会划分为四种类型：梦想型、问题解决型、技术转移型、企业形成型（见图2-
3）。其中价值诉求反映了问题本身的价值，价值创造能力则反映问题的解决方
式，不同类型机会开发过程是存在差异的。第一象限的机会是价值诉求未被创业
者识别，并且有效开发机会以实现价值所需的能力也不明确，即市场中问题及其
解决方式都尚不可知，这种类型的机会被称为梦想，是很模糊的概念；第二象限
的机会是价值诉求十分明确，但是如何开发机会以实现价值却不确定，问题已经
明确但是问题的解决方式未知，这被称为问题解决型机会，问题解决型机会开发
的目的是推出特定的产品/服务以满足相应的市场需求；第三象限的机会是价值
诉求未被创业者识别，但其价值创造能力非常明确，问题未明确但解决问题的方
式已知，这种机会被称为技术转移型机会，能够为已有产品或技术发现应用市
场，这种机会开发的侧重点是寻找新技术的市场应用；第四象限的机会是价值诉
求被识别、价值创造能力非常明确，这种机会的开发过程强调将发现的资源和市
场需求进行匹配，从而创办新企业或开拓新事业。

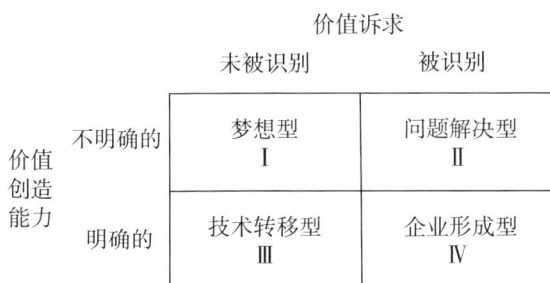

<table>
<tr><td rowspan="3"></td><td colspan="2" align="center">价值诉求</td></tr>
<tr><td align="center">未被识别</td><td align="center">被识别</td></tr>
</table>

		未被识别	被识别
价值 创造 能力	不明确的	梦想型 I	问题解决型 II
	明确的	技术转移型 III	企业形成型 IV

图2-3 Ardichvili 等（2003）的机会分类

资料来源：Ardichvili A, Cardozo R, Ray S. A theory of entrepreneurial opportunity identification and development [J]. Journal of Business Venturing, 2003, 18（1）：105-123.

林嵩等（2006）从市场特征与产品的技术先进性两个维度，将创业机会划分

为四种类型（见图2-4）。市场特征是指创业活动所处的市场环境特征，例如，市场成长性、市场规模、行业竞争强度以及是否具备良好的网络关系，等等；产品的技术先进性维度是指产品本身的技术优势，包括技术是否存在技术壁垒、成本优势以及技术优势是否持久等方面。基于市场特征和产品本身特征这两个维度建立坐标轴，其中纵轴是市场环境特征、横轴是产品的技术先进性，直观地将创业机会划分为四种类型，并且不同的创业机会需要制定不同的战略。第Ⅰ种类型创业机会的市场环境优势和技术先进性都具备优势，但现实中这种机会非常少且转瞬即逝，随着新进入者和模仿者的出现，机会所具备的优势将逐渐消失，或者技术创新和变革导致原有先进技术过时。第Ⅱ、第Ⅲ种类型创业机会在市场环境或产品身边的技术先进性的一方面存在优势，也是现实中最为普遍的两种机会；第Ⅳ种类型机会的市场环境和产品本身技术先进性两方面均不具备优势，这并不是创业的好时机，意味着创业者需要等待市场变化或技术变革和发展再开始创业活动。

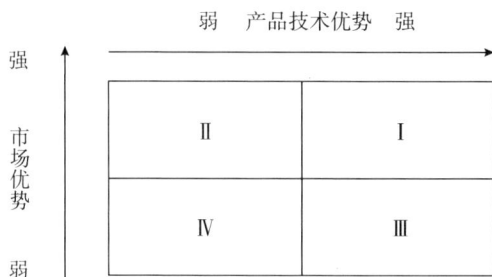

图 2-4　林嵩等（2006）的机会分类

资料来源：林嵩、张帏、姜彦福. 创业机会的特征与新创企业的战略选择——基于中国创业企业案例的探索性研究［J］. 科学学研究，2006（2）：268-272.

Smith 等（2009）借鉴知识管理理论中知识的显性和隐性特征，从而理解创业机会的内涵和外延，并将机会划分为显性机会和隐性机会。显性机会是指不均衡市场上明确表达的、能够追求利益的时机与情境，具体表现为非饱和市场中的低效率，如信息不对称、市场供给不足、不正当竞争等，这种机会的开发更加关注对现有技术、产品及流程的渐进式优化；隐性机会则是指难以清楚表达的、追求利润的时机与情境，更可能存在未被开发的或全新的市场中，这种类型机会开发的结果是对产品、服务、元原材料和组织管理等方面进行重大改进和创新。通过这种机会分类方式，有助于更深入地理解机会的发现观和创造观之间的争论和差异，当机会越容易表达和明确描述时，创业者越容易通过系统搜索行为发现；而当机会的内隐性越强时，搜索机会将面临更大挑战，并且创业者积累的先验知识及其与外部环境的交互过程对于内隐性机会的识别过程起着至关重要的作用。

二、机会识别的概念与维度

（一）机会识别的概念

创业是识别和开发有利可图机会的复杂过程，识别和选择正确的机会是创业成功的关键（Shane & Venkataraman，2000）。因此，近年来探讨机会识别和开发过程是创业研究领域关注的焦点问题（Ardichvili et al.，2003；Smith et al.，2009；王朝云，2010；蔡义茹等，2022）。在新企业创建和现有组织的公司创业活动中，机会开发包括机会识别、评价及利用三个过程，其中，机会识别是机会开发过程中尤为重要的环节，创业始于机会识别，对创业成功有至关重要的影响（Lumpkin & Lichtenstein，2005）。Shane（2000）较早提出，机会识别主要发生于创业活动的早期阶段，但是也贯穿整个创业过程。机会识别并非仅仅是简单地识别行为，而是一个复杂的、多层级的递归过程（Samuelsson，2009）。机会相关研究始于微观经济学中经济均衡影响因素的解析，卢山和徐二明（2006）认为，创业机会是由社会、经济、技术和政策等环境的变动或者人为"创造性破坏"而产生的，并不是所有的机会能够被创业者识别和利用，只有在相关环境的许可下，并且经过创业者的感知才能发现并形成创业设想。早期研究的焦点是机会的概念、内涵和外延，后续随着研究的扩展，学者的关注焦点从机会本身转向对机会识别和利用过程的研究。

目前，学者对于这一概念的内涵存在不同的见解。通过对文献的梳理可以发现，许多学者主要从行为视角和认知视角来解析机会概念的本质和来源，从而界定机会识别的概念与内涵。其中，行为视角侧重于探讨创业行动者如何识别创业机会的一系列行动，而认知视角则更关注创业行动者对机会认知的产生和发展过程（汤淑琴等，2015）。行为视角和认知视角是创业行动者在机会识别过程中不可分割的两个方面，因此对机会识别概念的研究离不开这两个视角，接下来将从行为视角和认知视角对机会识别的概念进行梳理。

在行为视角下，机会识别被看作一个动态且多阶段的过程，涉及创业者的搜索、感知、评估和转化行为。这一视角强调创业者的主动性和实践性：在搜索与感知方面，创业者通过警觉性和先验知识，在社会环境中搜索并感知潜在的机会（Shane，2000）。机会识别包含三种不同过程：感知市场需求以及未被充分利用的资源，识别和发现特定的顾客需求和资源之间的匹配关系，创造全新的顾客需求与资源之间的匹配关系。在构思与完善方面，机会识别不仅是发现机会，还包括将基础的构思逐渐完善为成熟的商业计划（Ardichvili et al.，2003）。在价值创造方面，创业者通过整合资源、创新性地为客户创造有价值的产品或服务来识别机会（Foo et al.，2015）。这一过程强调了资源整合在机会识别中的关键作用。在持续努力方面，机会识别需要创业者持续地搜索、努力和创新性思考，以捕捉市场中的动态变化（梁祺和张纯，2017）。

在认知视角下，机会识别被看作一个认知加工过程，侧重于创业者如何将外部信息转化为商业机会。这一视角强调创业者的认知能力和心理过程。在经验依赖方面，创业者的过往生活经历和先验知识在其识别机会时发挥重要作用（Baron，2006）。这些经验帮助创业者将外部不相关事件联系起来，发掘潜在的商业机会。在创意形成方面，机会识别是一个形成和开发创意的过程，涉及持续形成和塑造原始的创意构思，进而使其具备可开发性；在信念形成方面，创业者通过主观加工外部信息，形成对机会的信念，这是决定其是否采取行动的关键因素（Shepherd & DeTienne，2005）。Lumpkin 和 Lichtenstein（2005）基于心理学的创造力理论观点，构建了基于认知角度的机会识别模型，这个模型包括准备阶段、孵化阶段和直觉，其中孵化阶段反映了机会发现之前的知识和经验积累，孵化阶段是指创业者对新想法和概念进行沉思的过程，直觉是创业者发现商业机会的瞬间，并且机会识别并不仅是一个"Aha"瞬间直觉经历，而是一个迭代认知过程，通过这个过程不断地收集信息、创造新知识，进而促进机会的有效识别。

（二）机会识别的维度

基于以上分析，机会识别是一个创业者基于警觉性、先验知识及外部环境变化，通过搜索、社会建构、创造性思维等行为过程，发掘、形成并完善商业机会的动态认知与行为的综合过程。基于机会识别内涵的研究，学者在机会识别维度划分上进行一定研究。回顾已有文献发现机会识别维度划分主要集中于三个视角：行为视角、能力视角和结果视角，表2-3列举了部分机会识别维度划分的文献信息及其主要观点。

表 2-3　机会识别的维度

视角	文献来源	维度
行为视角	Hansen 等（2011） Foo 等（2015） Kuckertz 等（2017） 梁祺和张纯（2017）	保持警觉、搜索、形成新构思、系统化搜索、意外发现、积极搜索、信息整合
	González 等（2017） 蔡义茹等（2022）	机会发现和机会创造
能力视角	Simon（2000） Ozgen 和 Baron（2007） Vandor 和 Franke（2016） Ren 等（2016） 张浩等（2018）	机会识别能力、机会警觉性、识别盈利机会的能力
结果视角	Shepherd 和 DeTienne（2005） Ucbasaran 等（2009）	数量、创新性
	Gielnik 等（2012）	数量、独创性和多样性
	张玉利等（2008） 余维臻等（2020）	创新型机会和复制型机会
	Hsieh 和 Kelley（2016）	技术创新机会识别和市场创新机会识别
	Bhave（1994） 苗青（2006） 张秀娥和徐雪娇（2019）	可行性识别和盈利性识别
	Mitchell 等（2008） Mitchell 和 Shepherd（2010）	潜在价值、知识相关性、机会窗口、备选机会数量
	Gregoire 等（2010）	市场契合度、可行性
	Tumasjan 等（2013）	可行性、合意度

资料来源：笔者根据相关研究整理。

三、机会识别的影响因素研究

机会识别是创业过程的首要步骤与核心任务，是一个复杂的系统过程，是创业者对环境变化、市场需求、技术变革等要素感知的结果（Shane & Venkataraman，2000）。通过文献梳理发现，创业机会识别过程受到多方面因素的影响，包括创业者特质、创业者先验知识、创业者关系网络、组织因素（文化、结构、资源、战略导向等）、外部环境因素（制度、文化、市场等）。

（一）创业者特质

早期关于机会识别影响因素的研究聚焦于创业者人格特质对机会识别的影响，包括警觉性、自我效能、创造力、乐观主义等方面（Ardichvili et al.，2003；Ucbasaran et al.，2009；汤淑琴等，2015）。创业警觉性是机会识别的基础，创业者的警觉性需要达到足够高才能够识别到商业机会（Kirzner，1979），蒋兵等（2023）研究指出，创业警觉性是驱动创业者对内外部知识和信息进行搜索、筛选和加工，进而识别更高质量商业机会的独特心智模式，反映了创业者对潜在商业机会的独特感知能力，警觉性较高的创业者能够更精准地感知外部环境变化和预知市场未来发展的情景意识，促使其进行新信息的多重分析与研判，并且能够过滤低效的冗余信息，从而帮助创业者发现被忽视的、尚未充分利用的潜在机会。姜忠辉等（2022）探讨了创业自我效能感在创业机会识别过程中的"黑暗"面，并且把信息扫描频率引入创新机会识别过程中，构建了一个有调节的中介模型来解析创业自我效能感、信息扫描频率、创业经验及创新机会识别之间的复杂关系，基于145名创业者的数据分析发现，创业者自我效能感对信息扫描的频率存在消极影响，而信息扫描频率的降低消极影响创新机会的识别，即信息扫描频率在创业自我效能感和创新机会识别之间的关系中发挥着负向中介作用，同时创业经验能够缓解信息扫描频率的负向中介效应。Zahra等（2005）从认知角度探讨了机会识别过程的影响因素，他们指出，过分自信、内外控和短视等方面的人格特征将影响创业者的决策行为，并影响其对高风险型竞争战略的追逐。

（二）创业者先验知识

创业者更倾向关注与现有知识库相关的信息，因此创业者所具备的先验知识促使其能够识别新信息的潜在价值，创业者的知识库能够创造独特的心智模式，这为识别和解析新信息提供了框架，从而更容易发现商业机会，为了识别数量更多且高质量的机会，创业者需要拥有先验知识和信息，并且在创业过程中通过干中学以不断补充新信息（Shane & Venkataraman，2000）。Schoonhoven和Romanelli（2001）认为，不同经历的创业者具备不同的信息库，与经验贫乏的创业者相比，具备不同工作经验、行业经验和创业经验的创业者能够积累更广泛、更丰富的知识，创业者通过积累经验有助于其有效地转化外部环境中与机会和资源相关的信息，进而积极影响其识别和开发机会。Ucbasaran 等（2009）研究指出，具有丰富经验的创业者能够识别更多创业机会，并且能够开发和利用创新性更高、能够创造财富的机会，创业者积累的先验知识能够增加其识别和发现商业机会的概率。Smith 等（2009）运用创业动态跟踪数据分析发现，在识别显性机会和隐性机会过程中，具备不同先验知识基础的创业者所采取的搜索和识别策略存在显著的差异，先验知识丰富的创业者通常通过聚焦关注策略发现显性机会，以及基于意外发现隐性机会；不具备丰富先验知识的创业者通过系统搜索方式发现显性机会，并且容易忽视外部环境中的隐性机会。颜志量和姚凯（2022）基于社会认知理论探讨了国际创业机会识别问题，以中国互联网领域的出海创业公司作为天生国际化企业分析样本发现，创业者的行业同质性经验越丰富，越能够识别模仿型机会，行业异质性经验越丰富，越能够识别创新型机会，且适应型和创新型认知丰富在两者间起着不同调节作用。

（三）创业者关系网络

创业者的关系网络在机会识别过程中起着至关重要的作用，网络是一个信息集合体，创业者借助关系网络能够获取、吸收和利用与市场环境相关的信息，同时关系网络能够为创业者提供财务支持及其他非物质支持，进而增强创业者的机会识别能力（Ardichvili et al.，2003）。在中国经济转型和 VUCA 情境下，关系网络的作用尤为突出。转型经济背景下制度体制不健全，要素市场体制尚待完善，新企业创建和成长面临更高的不确定性，这导致创业更需要通过关系网络以获取机会识别所需的信息（孙国强等，2021）。Ozgen 和 Baron（2007）研究发现，导师型、非正式行业网络和专业论坛三种社会关系对机会识别都有积极影响，并且模式强度在导师型、专业论坛两种关系网络与机会识别之间起着中介作用，自我效能在非正式行业网络与机会识别之间起着中介作用。Aidis 等（2008）认为，转型经济情境下，网络对机会识别的作用比成熟经济更明显，在制度环境尚未完善的转型环境下，创业者与客户、供应商及合作者间的网络关系能够为其带来有价值的市场信息和知识，而与政府官员、机构建立的政治网络能够帮助其先于竞争对手发现潜在的机会。王国红等（2018）采用问卷调查法探讨了创业者社会网络与机会创新性之间的联系，数据分析发现，相较于强关系，弱关系对机会识别的创新性具有显著积极影响；并且相较于单一使用强关系或弱关系，综合使用利用强关系和弱关系对机会识别的创新具有更强的积极影响，创新性认知风格在综合使用强弱关系与机会识别创新性之间起着正向调节作用。

（四）组织因素

在新企业创建和发展过程中，组织本身的特征是影响机会识别的重要因素，包括组织文化、组织结构、组织资源、战略导向等方面。随着新企业的快速发展，组织文化在机会识别过程中存在影响，因为在不同组织文化环境中的个体所具备的创业倾向存在差异，进而对不同类型机会的期望程度存在差异（吴凌菲和吴泗宗，2007）。Ireland 等（2009）研究指出，组织结构的有机性越强，内部管理流程、信息和管理系统越能够识别外部信息和知识，知识在部门间流动更顺畅，在这种环境下组织成员更容易识别机会；而机械式组织结构中的刚性管理方式使信息和知识的跨部门流动比较困难，阻碍了员工的创造力、风险活动、探索和试验活动的开展，不利于员工发现创新性的市场机会。孙永波等（2022）从资源编排理论视角出发，探讨冗余资源对创业机会识别的影响，他们研究发现，已沉淀冗余反映了企业的人力、工程、产品开发等能力未被充分开发的程度，能够减少部门间的冲突，对已沉淀冗余资源价值的重新审视能够深化其对潜在商机的认知，进而提高对未开发潜能所匹配机会的识别；而未沉淀冗余资源促使企业将关注焦点转移至以前难以完成的业务上，未沉淀冗余所带来的灵活性能允许管理者具有更大的自由裁量权，促使企业有能力探索新产品/服务和新模式，并在创新过程中创造新机会。尹剑峰等（2021）基于国际化导向的视角，探讨了国际化导向、国际知识吸收能力与国际机会识别间的关系，通过228 份国际化企业高层管理者的调查问卷实证分析发现，国际化导向能够拓展高层管理者的国际视野，有助于高层管理者将国家市场看作企业的目标市场，并为国际业务开发所需的资源，进而有助于其识别更多的、更有价值的国际机会。

（五）外部环境因素

外部环境是一种初始的输入条件，基于机会发现理论的核心观点，创业机会客观存在于外部环境中，源于市场、技术和制度变革等外部环境冲击对已有市场或行业的影响，具备更准确的、更完备的潜在市场供求信息的创业者更容易发现创业机会（蔡义茹等，2022）。基于制度理论角度的观点，认知环境中对创业的支持文化代表着创业行为的社会合法性，因而对个体追逐创业机会的动机和意愿产生重要影响（Rajala & Hautala-Kankaanpää，2023）。汤淑琴等（2015）研究指出，中国转型环境中存在制度洞，进而催生出大量的制度机会，制度环境的变革影响新企业的生存和发展方向。严杰和刘人境（2018）借鉴 Ihrig 的创业机会识别模型，并在模型中引入环境变化的频率与幅度以及三种认知学习方式（实用主义、顺从主义与贯融主义），构建了环境动态性、创业学习与创业机会识别之间的仿真模型，通过一系列的仿真实验发现，为了提高机会识别能力，创业者需要根据外部环境动态性特征选择不同的学习方式，具体做法是：在变化慢且变化小的创业环境中，创业者最佳的学习方式组合是采用实用主义学习方式，且保持较高的学习速率；在变化慢但变化大、变化快但变化小的创业环境中，创业者最佳的学习方式组合是采用实用主义学习方式，且保持较低的学习速率；在变化快且变化大的创业环境中，创业者最佳的学习方式组合是采用顺从主义学习方式，且保持较高的学习速率。张静宜等（2021）基于中国劳动力动态跟踪调查数据，探讨了先前经验、政策支持与返乡创业机会之间的关系，数据检验发现，创业经验显著积极影响创业机会识别，并且只在东部地区样本中管理岗位方面的务工经验对机会识别具有显著的积极作用，而在中西部地区创业经验对机会识别的作用更显著；通过控制变量滞后一期、更换回归模型等方式进行稳健性检验显示，研究结论依然比较稳健。

四、机会识别的作用效果研究

对于创业活动来说，机会识别是后续创业行为的起点，是影响新企业生存和发展的关键因素（Shane & Venkataraman，2000）。通过文献梳理发现，机会识别的作用效果主要集中在组织层面，学者聚焦于探讨机会识别对商业模式创新、组织创新、企业绩效等的影响。

（一）机会识别与商业模式创新

商业模式创新是促进新企业生存、提升组织绩效、保持持续竞争优势的重要来源，为新企业在高度不确定性竞争环境下的发展、繁荣以及衰落提供了有力的解释（杨蕙馨等，2021）。Gruber 等（2008）以连续创业者为研究对象发现，连续创业者的先前创业经验促使其获得可供选择的机会选集，连续创业者再次创业进入市场时，机会选集有助于其获得优异的绩效，此外，进入市场之前识别的市场机会的数量对新企业绩效的积极作用是非线性的，两者间呈现边际效益递减的关系。郭韬等（2021）借鉴商业模式冰山理论的观点，并采用模糊集定性比较分析法（fsQCA）探讨了技术创业企业商业模式创新的前因条件组态效应，以31 家技术创业型企业的样本分析发现，在高度不确定的经营环境中，资源整合能力与机会识别能力之间的协同作用是驱动技术创业企业商业模式创新的路径，两者间的组合能够有效实现技术创业企业的商业模式创新。聚焦企业高管对商业模式创新的影响，其中企业高管的机会识别能力正向影响商业模式创新。杨特等（2023）试图从认知视角探讨商业模式创新产生的原因，通过 373 位创业者的实证分析发现，机会识别能够通过对其他人难以发现及利用过的价值创造空间认识，帮助创业者构建全新的商业模式创新图式，为企业商业模式的创新提供了行为思路、方向及动力，并且通过机会识别行为，促使创业者感知到商业模式创新图示的合意性，即创业者能够看到进行商业模式创新的未来发展空间和所能够创造的价值，进而推动新企业实施商业模式创新。

（二）机会识别与组织创新

部分学者将组织创新作为结果变量来探讨机会识别的作用效果，包括组织创新过程和创新能力。范旭和梁碧婵（2021）打破传统静态的思维，采用案例跟踪研究方法发现，机会识别是一个动态且复杂的过程，在不同发展阶段具有较大的差异，案例企业能根据其所识别到的机会，能够创造性地利用双元战略组合之间的协同效用，进而激发基于资源的异质性、要素的不完全流动性等不同类型竞争优势模块的差异化配置从而实现战略柔性；同时，机会识别与双元战略组合之间的调适性互动，驱动资源行动的阶段性演化，并实现"技术探索式发展模式—市场开拓式发展模式—协同创新式发展模式"这一迭代创新形成机制与路径。刘洪德等（2019）探讨了创新机会识别对装备制造型企业创新能力的影响机制，基于416 个企业样本的实证分析发现，创新机会识别积极影响装备制造企业创新能力，因为通过识别创新型机会不仅能够获取外部环境变化的信息资源，从而为企业带来新的发展契机和潜在商业机会，并且还能够从根本上转变装备制造型企业的发展路径和成长模式；此外，区域的政策法律环境积极调节创新机会识别与企业创新能力之间的关系。

（三）机会识别与企业绩效

机会识别对企业绩效影响效果的实证研究较为丰富，多数研究证明机会识别对企业绩效具有重要的影响。鲁喜凤（2017）基于资源基础观等理论和案例研究方法，探讨了机会识别的创新性对新企业绩效的影响机理，数据分析结果发现，机会创新性对新企业绩效存在显著的积极影响，资源优化整合方式在两者间起着中介作用，同时分样本实证检验发现，在市场经济发达的京津冀和长三角地区的样本，市场途径资源获取在机会创新性和新企业绩效之间起着中介作用。于东平等（2021）综合创造力理论与资源优势理论的观点，分析了创新机会识别在管理者创造力与组织绩效间的中介作用。他们基于总体样本的实证检验发现，创新机会识别在管理者创造力和组织绩效之间起着部分中介作用，在国有企业样本中，创新机会识别在两者之间关系的中介作用不显著；在私营企业样本中，创新机会识别在两者之间起着完全中介作用。

对创新绩效的影响方面，蒋豪等（2019）借鉴开放式创新理论的观点，探讨了创业者的外部关系构建、双元机会能力及企业创新绩效之间的关系，利用大学生创业者的样本进行数据分析发现，创业者的外部关系构建积极影响探索型机会识别能力，而对利用型机会识别能力的影响呈倒 U 型；利用型机会识别能力对创新绩效的影响呈现倒 U 型关系，探索型机会识别能力对创新绩效的影响呈现线性的积极影响。苏郁锋和徐劲飞（2021）基于公司创业、战略创业及模块化理论的观点，提出机会识别偏好、模块化水平和创新绩效间关系的理论模型，并将机会偏好划分为市场偏好和发展偏好，定量分析发现，发展偏好的机会识别积极影响创新绩效，而市场偏好的机会识别对创新绩效的影响并不显著，并且模块化水平在发展偏好机会识别与创新绩效间起着中介作用。

对企业成长的影响方面，Gielnik 等（2012）采用实验研究深入分析了创造力在机会识别过程中的作用，以及机会识别对新企业成长的影响，基于多项实验研究发现，发散性思维能够产生原创的商业创意，同时这种原创的商业创意对新企业成长存在显著的积极影响，但是商业创业的数量与新企业成长关系不显著。彭中文等（2018）采用 2011～2016 年创业板高科技公司的面板数据对高管团队的特征、创新机会识别与高科技企业成长之间的关系进行了深入的探讨。技术创新投入体现了高科技企业的创新机会识别能力高低，技术创新方面充足的投入，为企业识别潜在技术机会提供了充足的支持，基于混合效应模型的分析发现，技术创新投入积极影响高科技企业快速成长。张秀娥和徐雪娇（2019）借鉴组织学习理论的观点，构建了创业学习对新企业成长的影响模型，并在模型中引入创业机会识别与商业模式创新作为中介变量，采用 8 个省份的 749 份问卷调查数据分析发现，创业机会识别在创业学习与新创企业成长之间起着部分中介作用，创业机会识别与商业模式创新在创业学习和企业成长之间起着链式中介作用，并且创业机会识别在创业学习与商业模式创新之间起着积极调节作用，商业模式创新在创业机会识别与企业成长之间起着积极调节作用。

第五节　组织韧性的相关研究

一、组织韧性的概念

韧性（Resilience）是源于物理工程领域的概念，其对立面是刚性，是指材料受到使其发生形变的外部力量时的抵抗能力，显示了材料柔而不弱、刚而不脆、刚柔兼顾的特性。作为一个跨学科的概念，在生态学、心理学、社会学、组织管理学等领域韧性的概念及内涵得到了不断的拓展与延伸，并取得了较为丰硕的研究成果，为后续组织韧性的研究奠定了坚实的基础。最早将韧性概念引入到组织管理领域的文献是 Meyer（1982）关于组织对环境冲击适应性方面的研究，认为组织韧性是企业在遭受冲击和不利情境后进行恢复的能力。后续，随着全球突发性、风险性和系统性事件的频发，不同组织在面临风险和逆境时所展现出的不同能力、行为及绩效结果引发了研究者的深度思考，因此，具有较强的环境适应性和应对能力的组织所展现的韧性特征成为组织管理领域的研究焦点。

组织韧性是面对危机和逆境事件时组织渡过难关不可或缺的特性，但目前研究由于研究对象、研究主题及理论切入点等方面存在差异，因而对组织韧性的概念界定及其构成要素都有自身的差异性理解，进而导致对组织韧性内涵的界定缺乏一致性。关于组织韧性的研究存在两种理论观点：一种是能力观（DesJardine et al.，2019；Buyl et al.，2019；李平和竺家哲，2021；侯曼等，2024），将组织韧性描述为组织通过战略意识、内部和外部冲击的关联运营管理，进而应对环境冲击方面的潜在能力。另一种是过程观，将组织韧性描述为一个复杂的过程，反映了组织在面对充满挑战的情境中，如何避免不良反应甚至失败所采取的系列活动，并且如何保持正面调整恢复或应对（Williams & Shepherd，2016）。文献梳理发现，组织韧性在本质上是一种"能力"的观点获得较多研究的认可。

尽管国内外学者的分析理论视角呈现差异化，对已有研究关于组织韧性内涵的分析发现，组织韧性概念主要以反弹恢复和反弹优化两个核心特性为主（路江涌和相佩蓉，2021；李平和竺家哲，2021），表2-4梳理了不同核心特性视角下组织韧性的概念。

表 2-4　组织韧性的概念

核心特性	概念描述	文献来源
反弹恢复	韧性是组织在制造、向顾客传递服务或者其他绩效标准中断后，反弹到中断前水平的能力	Gittell（2006）
	组织韧性是指面对危机和逆境情境下的组织吸收能力、适应力和恢复能力	黄传超和胡斌（2014）
	组织韧性作为一组能力，使其具备能够对意外中断进行防御性反应	Ortize-de-Mandojana 和 Bansal（2016）
	组织韧性是指在需求变化并伴随压力的环境下，组织感知、分析和对战略机遇和需求做出反应的能力	Williams 等（2017）
	组织韧性是指组织在面临颠覆性的冲击下，依然能够保持运营和不中断的能力，帮助组织应对动荡环境并生存下来	DesJardine 等（2019）
	组织韧性是应对冲击的一种预先已有的特性，这种特性促使组织发展出能够承载冲击并从中复原的能力	Buyl 等（2019）
	组织韧性能力被定义为一种独特的认知、行为和情境属性的混合，它能提高企业理解当前环境的能力，并开发反映这种理解的定制响应策略	Liu 和 Zhang（2024）
反超优化	组织韧性是企业针对具体情况制定应对措施，最终参与变革活动，以利用威胁组织生存的破坏性意外事件的能力	Lengnick-Hall 等（2011）
	在危机后进行调整的能力，韧性组织不仅要应对当前问题，还要面向未来，是组织预测潜在威胁，有效应对突发事件的能力	Duchek（2020）
	组织韧性是组织在逆境中吸收压力并恢复原状或改善运作的能力，促使组织不仅能够应对威胁和压力并从中恢复，而且能够在逆境中茁壮成长和发展	Kahn 等（2018）
	组织韧性包含两个方面：面对外部威胁的韧性取决于承载冲击（抗击打击的能力）和复原速度（恢复到动荡前的运营状态甚至超越之前运营状态的能力）	Dai 等（2017）
	组织韧性是一种组织能力，使组织能够在意外的甚至是灾难性的事件和更广义的动荡环境中生存、适应、恢复乃至繁荣发展	Ma 等（2018）

来源：笔者根据相关研究整理。

第一种反弹恢复的特性认为，组织韧性仅仅是一种从意外、压力、不利情况以及中断中恢复的能力，主要强调的是组织在面对危机、冲击或中断后的恢复能力（Gittell et al.，2006；黄传超和胡斌，2014；Buyl et al.，2019）。这一观点类似于物理科学中对韧性的界定，即如果一种材料在被拉伸或捣碎后能够恢复至原来的形状和特性，那么它是具备韧性的。当组织韧性被视为反弹特征时，组织应该重点关注危机应对策略以及如何快速恢复预期表现水平的能力，这种恢复能力不仅指组织能够恢复到中断前的水平或状态，还强调恢复过程的高效性和无须长时间倒退的特性（Lengnick-Hall et al.，2011）。组织努力的目的在于重建企业与新环境之间的强烈契合，同时避免外部环境变化带来组织的功能失调与退化。这种对组织韧性的认识是以反弹为核心导向，通常与采用适应性解释和行动应对压力事件做出反应的能力紧密相关。

第二种反超优化的特性超越了恢复，包括发展新能力以及跟上环境变化步伐，甚至创造新机会的扩展能力，反超优化是组织韧性概念的深化和扩展，它不仅要求组织在面临威胁时能够恢复，更要求组织能够利用这些威胁和逆境实现超越和发展（Lengnick-Hall et al.，2011；Duchek，2020；李平和竺家哲，2021）。Dai 等（2017）提出了组织韧性的具体两个方面：承载环境冲击的能力以及复原的速度，其中复原的速度不仅要求组织能恢复到环境变化之前的状态，还强调要通过反思学习以实现超越之前的运营状态。组织韧性被认为是企业繁荣发展的重要因素，因为韧性促使企业既能利用其资源和能力来解决当前的困境，还能有效利用意想不到的挑战和变化实现"转危为机"。这一观点的组织韧性与动态竞争紧密相关，企业能够吸收复杂性和应对挑战，并且变得比逆境事件前更强大（Ma et al.，2018）。Leng-nick-Hall 等（2011）提出，组织韧性是组织制定针对具体情况的应对措施，并参与变革活动，以利用威胁组织生存的破坏性意外事件的能力。Kahn 等（2018）将组织韧性定义为组织在逆境中吸收压力并恢复原状或改善运作的能力，反映了组织面对危机和逆境时的反弹能力和反超能力。Ma 等（2018）的观点更加全面，他们认为组织韧性是一种使组织在意外、灾难性事件和动荡环境中生存、适应、恢复乃至繁荣发展的组织能力。借鉴 Dai 等（2017）、Lengnick-Hall 等（2011）等研究的观点，本书研究关注的组织韧性包含反弹恢复和反超优化两个特性，认为组织韧性是新企业在面对冲击、中断或危机时，通过有效的应对机制迅速恢复并可能超越原有状态，同时具备在逆境中持续发展、优化和适应新环境的能力，不仅包含恢复的能力，还具备在危机后不断学习进而反超优化的特性。

二、组织韧性的测量体系

本部分系统梳理现有组织韧性的测量体系，从概念类型、研究背景、研究方法等方面综合分析先前研究所采用测量方法的差异（见表2-5）。文献梳理发现，较早阶段学者们从企业行为和过程角度解析组织韧性的维度，例如，Mallak（1998）研究通过员工的韧性行为来衡量企业的组织韧性，将组织韧性分为六个维度：目标导向问题解决思路、规避风险、关键的理解、角色依赖、资源的依赖以及资源获取能力；Somers（2009）在Mallak（1998）研究的基础上进行扩展，针对危机以及突发事件对维度进行优化，同样将组织韧性划分为六个维度：目标导向问题解决思路、规避风险、危机理解、胜任多个角色、信息来源的依赖、资源获取能力。Kantur和Say（2015）打破原有的认识，认为组织韧性是一个事前、事中以及事后的过程并且重点对组织韧性进行事后分析，将组织韧性划分三个维度：稳健性、敏捷性以及完整性。

表 2-5　组织韧性的测量体系

文献来源	测量贡献	概念类型	维度划分（题项数）
Mallak（1998）	①通过员工的韧性行为来衡量组织韧性；②使用非洲金融共同体实证验证量表	多维度	目标导向问题解决思路（7）；规避风险（5）；关键的理解（4）；角色依赖（3）；资源的依赖（2）；资源获取能力（3）
Gittell 等（2006）	X-post 方法（回溯股价回升）分析评估韧性	单维度	恢复时间（追溯股价恢复情况）
McManus 等（2008）	运用扎根理论提炼维度	多维度	适应能力（5）；规划策略（8）
Somers（2009）	①继承 Mallak（1998）的观点；②扩展了 Mallak 的研究，通过使用一个中点（题项代表点）来测量相对的复原力	多维度	目标导向问题解决思路（3）；风险规避（3）；危机理解（3）；能够胜任多个角色（3）；对信息来源的依赖（3）；资源获取能力（3）
Danes 等（2009）	将韧性作为整体计算题项得分	单维度	角色清晰（1）；决策机构（1）；所有权平等（1）；薪酬的公平性（1）；无法解决公司冲突（1）；家族与企业之间的资源竞争（1）
Andersson 等（2019）	①改编 McManus（2008）的测量方法；②开发测量组织弹性的短量表	多维度	适应能力（6）；规划策略（7）
Ortiz-de-Mandojana 和 Bansal（2016）	①应用对生态韧性的理解来衡量韧性；②通过替代变量对组织韧性进行事后分析	单维度	企业生存

续表

文献来源	测量贡献	概念类型	维度划分（题项数）
Kantur 和 Say（2015）	①通过替代变量对组织韧性进行事后分析； ②探索性因子分析提炼题项	多维度	稳健性（5）；敏捷性（4）；完整性（3）
DesJardine 等（2019）	①应用对生态韧性的理解来衡量韧性； ②通过替代变量对组织韧性进行事后分析	多维度	稳定性：损失严重程度； 灵活性：恢复时间
王勇和蔡娟（2019）	①探索性因子分析提炼题项； ②以企业绩效、企业成长以及战略能力为效标变量，探讨组织韧性量表与这些变量的关联性以检验量表的质量	多维度	应变能力（8）； 计划能力（8）； 情境意识（8）； 韧性承诺（4）
张秀娥和滕欣宇（2021）	基于动态能力理论理解组织韧性的内涵和运作机制，提出根植于中国情境的测量体系	多维度	适应能力（6）； 情境意识（5）； 预期能力（4）
侯曼等（2024）	采用替代变量进行间接测量组织韧性	单维度	以 3 年内的累计销售收入增长额来衡量企业长期增长，1 年内各月份股票收益的标准差测算得出的股票回报率以衡量财务波动。最后采用熵值法综合测算组织韧性

资料来源：笔者根据相关研究整理。

　　随着组织韧性研究的深入和细化，以能力为核心理念的组织韧性研究开始大量涌现，对组织韧性维度划分和测量的研究日益精细化，多数研究认可组织韧性的多维度观点。如果一个结构由许多相互关联的属性或维度组成，并且存在于多维域中，那么它就是多维的（Mallak，1998）。McManus 等（2008）从动态能力视角出发，运用扎根理论将组织韧性分为两个维度：适应能力和规划策略。Andersson 等（2019）基于 McManus 等（2008）的研究，同样将组织韧性分为适应能力和规划策略两个维度，但改变了原测量方法，对量表的题项进行了调整和优化。王勇和蔡娟（2019）从企业绩效、企业成长和战略能力三个层面将组织韧性分为四个维度：应变能力、计划能力、情境意识和韧性承诺，并且采用两阶段数据对组织韧性的量表进行检验，其中，第一阶段数据用于检验内容效度、信度与探索性因子分析，第二阶段数据用于验证性因子分析及其他性质检验。分析结果显示，探索性因子分析提取的应变能力、计划能力、情境意识与韧性承诺四个公因子具有良好的收敛、效标关联和区别效度。张秀娥和滕欣宇（2021）基于动态能力理论的观点，在对组织韧性的相关研究文献系统梳理和企业家半结构访谈基础上，提炼出中国情境下组织韧性的测量维度，认为组织韧性包含三个维度：适应能力、情景意识和预期能力，开发了能更好地解释中国情境下组织韧性特征的测量量表，并且探索性和验证性因子分析均表明组织韧性的维度划分和测量体系存在较好信度和效度。Chen（2021）研究运用探索性案例研究法和扎根理论将组织韧性划分为五个维度：资本韧性、战略韧性、文化韧性、关系韧性和学习韧性。

对组织韧性测量体系的探索性研究为后续组织韧性维度的划分奠定了坚实的基础，但是由于先前研究对组织韧性概念与内涵的认识和理解还处于相对模糊的阶段，现有研究就组织韧性的构成要素、维度划分及每个维度的测量指标尚未达成共识，还有较多问题有待进一步研究和探讨。例如，在特定情境下的组织韧性量表，以及国外相对成熟的量表在中国情境下的适用性和有效性等方面的问题。

三、组织韧性的影响因素研究

组织韧性的概念和维度进行详细的界定是研究组织韧性的前提和基本条件，只有对组织韧性的概念有了清晰的认识，才能对它的影响因素进行分析。组织韧性的影响因素是一个较为重要的问题，只有清楚了解哪些因素对组织韧性产生影响，那么就可以从这些因素出发，寻找合适的提升企业组织韧性的方法。综合已有的研究文献，影响组织韧性的形成与提升的因素主要表现为五个视角，如表2-6所示，列举了部分研究组织韧性影响因素的文献信息及其主要研究结论，这些成果为新企业组织韧性的拓展和深化研究奠定了理论基础。

表 2-6　组织韧性影响因素的代表研究

研究主题	作者/时间	研究结论
领导力视角	王勇和蔡娟（2021）	企业管理者积极领导力不但可以直接强化组织韧性，而且还通过组织学习提升组织韧性
	段升森等（2021）	具有工匠精神的组织内部成员更容易达成战略共识，进而对科技型中小企业组织韧性具有促进作用

研究主题	作者/时间	研究结论
结构视角	Williams 和 Shepherd（2016）	组织内部系统流程的高度紧密耦合会影响组织学习，进而提升组织韧性
	Andersson 等（2019）	平衡权力分配和规范控制有助于构建组织韧性
	赵沁娜和王姗姗（2024）	通过对组织结构进行更新和调整，例如，精简组织指挥结构、模块化等，有助于提高企业的环境适应力
关系视角	Mzid 等（2019）	家族企业人力、社会和财务资本中，社会资本（本土和国际关系）对企业吸收冲击、重新配置现有资源和内部化实践的能力贡献最大，使企业能够应对未来的动荡
	Cotta 和 Salvador（2020）	企业应对运营中断的韧性活动实践是建立交互记忆系统，而领导者的团队工作导向和组织内的关系强度对交互记忆系统的发展具有积极影响
	Anwar 等（2021）	组织内部协调关系对新创科技型企业组织韧性有正向影响
	孙国强等（2021）	网络嵌入对组织韧性具有多重影响，当网络嵌入程度越高时，越有利于组织韧性提升；并且知识搜索在网络嵌入与组织韧性之间的关系中起着部分中介作用；数字化转型积极调节知识搜索与组织韧性间的关系
	Ma 和 Zhang（2022）	外部和内部关系强度均能提高组织韧性能力的三个维度：态势感知能力、适应能力和变革能力；韧性能力三个维度均有利于被动危机管理策略，而只有适应能力和变革能力维度对主动危机管理策略具有正向影响；被动和主动危机管理策略都能提高危机管理绩效
资源/能力视角	Lengnick-Hall 等（2011）	组织韧性是通过战略管理人力资源来开发的，当核心员工的能力在组织层面聚合时，组织有可能实现以韧性方式应对严重冲击的能力
	Yuan 等（2022）	面对危机时企业经历恢复阶段、预测变化、最小化脆弱性和利用共享资源四个阶段，持续的吸收能力对以上四个阶段的循环具有积极影响，进而实现"赢家通吃"
	张吉昌等（2022）	非沉淀性或沉淀性冗余资源是组织韧性不可或缺的驱动因素
	王国红等（2024）	资源构建和资源协调均对中小企业组织韧性存在积极影响；数字运营能力和数字协同能力在资源编排与组织韧性之间起着中介作用

研究主题	作者/时间	研究结论
学习视角	李宇和王竣鹤（2022）	数字时代组织学习和忘却均显著积极影响组织韧性
	钱悦等（2024）	VUCA情境下，以跨界学习为特征的外部学习路径和以知识中台为特征的内部学习路径是提升组织韧性的两种重要路径
	王娟茹和刘洁怡（2024）	利用式学习与探索式学习均显著积极影响组织韧性（前瞻性韧性和即兴韧性）

资料来源：笔者根据相关研究整理。

（一）领导力视角

对危机管理过程中领导力的作用成为学者近年来的关注焦点，组织韧性作为帮助其适应变化、应对冲击并获得成长与繁荣的能力，有助于组织摆脱困境和恢复稳定，甚至实现持续性发展。领导者在组织中扮演着重要的角色，其性格特征和领导方式在特定条件下影响着组织韧性的构建和演变（Kantur & Say, 2015）。刘洋等（2021）研究表明，正念型领导对员工工作绩效有显著正向影响，组织韧性在两者之间起部分中介作用，心理资本积极调节正念型领导与组织韧性间的关系。领导者作为危机管理的重要决策者，是组织内部与外部信息沟通的桥梁，其在危机中采取的措施、对环境形势的预判、与利益相关者关系的维系以及展现的领导能力，对于危机管理策略能否有效发挥具有至关重要的影响，在危机中起到指引战略方向、促进组织危机中学习、塑造组织韧性等方面的作用（Anwar et al., 2021）。陈冲等（2023）基于资源基础理论和动态能力理论，分析了坚韧型领导对组织韧性的影响机制，通过对547位中小企业创业者的数据检验发现，坚韧型领导积极影响中小企业组织韧性，并且战略敏捷性和资源编排在其中起着中介作用，环境不确定性积极调节战略敏捷性与资源编排的中介效应。焦豪等（2024）以2017~2020年沪深A股制造业企业为研究对象发现，CEO作为企业的决策者，注意力配置在动态环境中起着重要的作用，CEO过去的时间焦点能够显著缓解企业的损失严重性，CEO未来的时间焦点能够显著增强企业的恢复效率，并且CEO过去的时间焦点与未来的时间焦点一致性显著有助于降低企业的损失严重性。

（二）结构视角

组织结构是韧性构建的重要驱动因素，高效、灵活及有效的组织结构体系促使企业构建抵抗突发危机和逆境的能力，进而形成应对 VUCA 创业环境的适应力和韧性（张强等，2024）。组织结构像是企业在危机和逆境中的坚实堡垒，有效的运行流程、组织结构和任务配置能够促进组织内部的知识和信息风向，帮助企业在面对外部环境干扰时进行防守，提升组织韧性（李平和竺家哲，2021）。Linnenluecke（2017）指出，去中心化的组织结构具备更强的灵活性，在面对危机和逆境时能够实现快速的战略转型和反应力。Andersson 等（2019）通过纵向案例研究发现，可以通过平衡权力分配（分散结构、信息系统）和规范控制（企业理念、人力资源管理流程）之间的关系，实现组织的一致性和稳定性，进而影响组织韧性。赵沁娜和王姗姗（2024）基于扎根理论方法，以中国管理案例共享中心和中国知网的二手案例资料为分析对象，探讨组织韧性的驱动要素。他们研究发现，企业通过对组织结构进行更新和调整，构建去中心化的组织结构能够帮助企业快速反应并及时采取行动，从而提高企业的环境适应力。例如，案例企业华为精简组织指挥结构，提高权力分配的科学性；案例企业吉利汽车对团队进行适度分权，避免集体性决策流于形式；案例企业林清轩通过将既有组织结构打散，重新建立模块化的项目制结构，这种模块化的结构有助于企业减少对特定资源的依赖，提高运营灵活性以避免组织结构僵化。

（三）关系视角

社会网络理论被广泛应用于创业研究领域，通过关系网络能够帮助新企业获取知识、信息以及其他创业必备的资源，已经成为解释新企业生存和发展的重要理论基础，因此，较多学者从网络视角解析组织韧性的构建机制。孙国强等（2021）认为，组织韧性受到组织外部社会关系网络及内部成员间关系的影响，并当组织面临重大危机和不利情境时，积极的社会关系网络更有助于组织渡过难关，进而迅速恢复运转。Gittell 等（2006）在对"9·11"事件后的 10 家航空公司进行案例追踪研究发现，组织韧性在很大程度上受到社会关系网络的影响，积极的社会网络关系能够帮助企业带来更低的成本和债务比率，从而帮助组织在经历外部环境动荡时依然可以继续维持经营活动和履行社会义务，因此积极的社会关系对组织韧性具有显著的积极预测效应。从组织内部关系来看，Anwar 等（2021）研究指出，组织内部协调关系对新创科技型企业组织韧性有正向影响。张梦桃和张生太（2022）基于社会网络理论的观点，解析了组织内关系和组织间关系对组织韧性的影响，以及双元创新在其中的中介作用。数据分析结果表明，组织内和组织间关系网络均积极影响组织韧性，并且利用式创新在组织内关系与组织韧性之间起着部分中介作用；探索式创新在组织间关系与组织韧性之间起着部分中介作用。丁宝和田丹（2024）通过选择18家韧性高的企业和36家对照企业作为分析样本发现，与利益相关者构建互惠性关系有助于塑造组织韧性，因为通过与其他利益相关者构建良好的关系，能够增加企业获取异质性信息、知识和创意的可能性，促进组织间知识和信息的交换，并且在面临危机时更加容易获得利益相关者的资源支持，从而有效提升组织韧性。

（四）资源/能力视角

基于资源基础理论的基本观点，资源储备是企业在面临逆境和危机时采取战略行为的重要基础。较多研究认为，组织资源是企业面临逆境时可以抵挡风险和损失的子弹或沙包，组织中传统的资产，如冗余资金、物质资源、人才资源及技术资源等，是对韧性构建具有重要贡献的组织资源（Ortiz-de-Mandojana & Bansal, 2016; Williams et al., 2017; Sonenshein et al., 2024）。企业在面对外部环境动荡的干扰时，为了保持灵活性和持续性需要高效地部署和配备资金、人才、知识、信息等资源要素，一方面，资金是组织韧性构建的基础性资源要素，因为组织韧性的形成依赖于企业内部宽松的、灵活的、充沛的资金支持；另一方面，异质性知识是企业在逆境和危机中能够保持稳定性的关键，知识的均衡分布能够有效提升组织识别机会、整合资源的能力，进而提升企业防御和应对危机的能力（张强等，2024）。Lengnick-Hall 等（2011）认为，组织韧性能力是建立在员工个人知识、技能及能力集合的基础上的，因此人力资源策略和人力资源规划等是提升组织韧性能力的有效方式，通过有效的人力资源实践，能够最大化发挥人力资源的效应，进而提升企业应对外部环境动荡的适应能力。张吉昌等（2022）基于"资源—能力—关系"理论视角，采用 fsQCA 方法研究中国民营上市企业的组织韧性构建机制，数据结果表明，非沉淀性或沉淀性冗余资源是组织韧性不可或缺的驱动因素，并且相较于其他前因条件，非沉淀性冗余资源、创新能力和管理者能力对民营企业组织韧性的构建发挥着更为重要的作用。郭彤梅等（2024）借鉴资源编排理论的观点，以 2015~2021 年沪深 A 股制造公司为研究对象发现，非沉淀性冗余资源对组织韧性存在显著的积极影响，并且通过提升数字化水平和公司治理水平两条路径提升组织韧性，高管团队异质性和社会责任在冗余资源和组织韧性之间起着负向调节作用，环境不确定性在两者间起着积极调节作用。

（五）学习视角

在 VUCA 创业情境下，新企业如何通过学习路径以突破有限的知识储备，培养快速和灵敏的外部环境应对能力以构建组织韧性，成为学者关注的重点视角。李宇和王竣鹤（2022）基于组织印记理论的观点，探讨了数字时代学习和忘却对组织韧性的影响，采用在国际竞争市场中处于劣势产业的 259 家企业样本进行数据分析表明，组织学习和忘却均显著积极影响组织韧性，组织学习作为企业吸收外部知识的重要方式，能够帮助企业更加敏锐地洞悉前沿技术知识，提高外部环境感知力。当创业环境发生变化时，企业通过组织学习能够对既有知识进行迭代，提高其对外部环境的警觉性和适应性，最大限度降低逆境和危机对企业的冲击。钱悦等（2024）采用纵向案例研究法，剖析了企业如何通过促进组织学习及塑造学习型文化以提升组织韧性，进而成功应对行业需求下行和 VUCA 情境下的危机。案例资料分析发现，VUCA 情境下存在两条提升组织韧性的路径：第一条是以跨界学习为核心的外部学习路径，跨界学习是指企业不局限于对标同行业竞争者，而是根据环境变化和企业战略发展需要，针对性地学习和内化其他行业的成功经验及失败教训；第二条是以知识中台为核心的内部学习路径，知识中台是指企业对内部的知识进行标准化、系统化，并根据发展需要灵活运用，以及构建超越常规惯例层级的扁平化知识流动和传递系统；并且外部学习路径和内部学习路径互相衔接和补充，形成学习成果及学习能力间的良性循环，共同促进组织韧性的构建。王娟茹等（2024）综合组织学习理论与动态能力理论的观点，探讨双元学习与制造企业技术创新之间的关系，以及组织韧性在其中所起的中介作用，并将组织韧性分为前瞻性韧性和即兴韧性两个维度，基于 251 家中国制造企业为样本的数据分析发现，探索式学习及利用学习对组织韧性的两个维度均存在显著的积极作用。

四、组织韧性的作用效果研究

韧性组织被认为具备集体的"聪明谨慎和智慧"，而这种聪明谨慎帮助组织收集和分析环境中的信息，理解复杂的情境（Buyl et al., 2019）。这种对组织的指导前提是面对逆境时组织作为一个整体，进行信息处理和决策，包括如何构建和分配资源以应对意想不到的情况和控制不必要的可变性（Gittell et al., 2006）。文献梳理发现，组织韧性的构建不仅影响企业在逆境中的短期生存，也影响到企业的长期成长。组织韧性能提供面对危机时的缓冲带和降低组织的脆弱性，从而维持短期生存（Ortiz-de-Mandojana & Bansal, 2016）。同时，较多研究指出，组织韧性的构建能加快反弹恢复和反超改进的速度，帮助企业从极端事件或灾难中恢复并进一步加强（Dai et al., 2017），进入到更好的状态，即组织成长（李平和竺家哲，2021）。由此可见，根植韧性基因、内涵和本质，组织韧性的作用效果与企业实践的核心议题一一对应，发挥韧性响应将利于企业在 VUCA 环境下"活下""活好"乃至"活久"。

随着环境的不确定性引起的管理挑战不断增多，对组织韧性的研究也在不断深入，但是根据对文献的收集和整理，发现国内对该方面的研究远远不如国外，国内对组织韧性的研究还存在很大的空缺。通过对文献的梳理，可以从个体层面和组织层面来分析组织韧性的影响。在个体层面上，组织韧性可以正向调节员工的韧性、员工的满意度和绩效；在组织层面上，组织韧性不仅影响企业的短期绩效，而且对企业的长期发展也具有重要的作用。

（一）个体层面

通过对组织韧性的效果相关研究梳理发现，少数研究关注了组织韧性对员工个体的影响，包括员工韧性、员工对工作和对本企业的满意度以及员工的绩效等方面。首先，组织韧性能够为员工个体带来更多的积极态度和情感，这种积极的自我感知促使员工更积极地应对各种挫折、逆境和危机，进而提升员工的心理韧性（李平和竺家哲，2021）。此外，具有韧性且韧性较强的组织可以合理、有效地调配资源，给员工提供富足的资源和平台，给员工足够的支持和鼓舞，缓解恐惧心理，帮助员工训练出强大的心理来乐观地面对挑战，以此来提升员工的韧性（Linnenluecke，2017）。其次，组织韧性能够提升员工对工作和本企业的满意度。在突发情境下，组织如何面对挑战很大程度上影响到员工对本企业的印象，在组织韧性强的企业，员工能感受到积极的工作氛围，同心协力地面对困境可以增强员工的归属感，提高对工作的满意度，使其能更加积极地参与到自己的工作中去（Williams et al., 2017）。最后，组织韧性能够正向影响员工的绩效。组织韧性可以帮助员工有效地应对突发事件和不利情境，提升员工的反应能力，使其始终能够保持积极主动的工作态度，提升员工的工作角色绩效（钱悦等，2024）。

（二）组织层面

根据对现有研究的分析，总结出组织韧性对组织层面的影响主要集中在企业创新、企业短期生存、企业成长和企业竞争优势四个方面。

1. 组织韧性与技术创新

在 VUCA 特征凸显的外部环境中，技术创新是新企业突破关键核心技术的重要途径，是助推实体经济发展的中坚力量，也是影响企业核心竞争力的关键因素，较多学者探讨了组织韧性对企业技术创新的影响机制。王崇锋等（2022）探讨了合作网络情境下组织韧性对组织技术创新的影响，以及内部知识异质性在两者间的调节作用，基于我国 1989~2020 年 5G 领域专利申请数据分析发现，组织韧性与企业技术创新之间呈现倒 U 型关系，即组织韧性对于企业技术创新来说是"双刃剑"，在合作网络中，较强的组织韧性能够加速各种知识和信息在研发人员间的传递速度和效率，并且组织韧性能够加强研发人员之间的沟通与信任，维持稳定的合作关系，降低外部环境变化带来的不确定性；但是当组织韧性过强时，合作网络内部的信息冗余和同质性问题越来越严重，降低了研发人员处理新信息的效率，不利于技术创新。王娟茹和刘洁怡（2024）综合组织学习理论与动态能力理论的观点，分析了双元学习对企业技术创新的影响，并进一步探讨组织韧性在两者间的中介作用，以 251 家制造企业样本的数据分析发现，前瞻韧性在利用式学习和技术创新、探索式学习和技术创新之间起着部分中介效用，而即兴韧性在利用式学习和技术创新、探索式学习和技术创新之间起着部分中介效用。王娟茹等（2024）基于知识基础理论与资源协奏理论的观点，探讨了跨界搜索对绿色技术创新的影响机理，并深入探讨了组织对内和对外韧性在两者间的中介作用和知识协奏能力的调节效应，基于 242 家制造型企业样本的数据分析显示，组织对内的韧性在反应式跨界搜索和企业绿色技术创新之间起着部分中介效用，组织对外的韧性在前瞻式跨界搜索和企业绿色技术创新之间起着部分中介效用。

2. 组织韧性与企业短期生存

组织韧性的第一个核心特征是反弹恢复，反映了企业从逆境、不利情境中恢复的能力，组织努力运营的目的是重构企业和新环境间的吻合，避免组织在逆境下的功能退化，进而实现组织生存（李平和竺家哲，2021）。Ortiz-de-Mandojan 和 Bansal（2016）指出，组织韧性是企业感知和纠正适应不良倾向并积极应对意外事件的能力，有助于企业降低财务不确定性，提升短期财务能力和生存机会。Kahn 等（2018）将组织韧性定义为企业在逆境中吸收压力并恢复原状或改善运作的能力，能降低其面对危机时的脆弱性，维持短期生存。许冠南等（2024）整合创新生态系统理论与战略竞合理论的观点，基于企业嵌入的竞合关系将组织韧性分为合作生态韧性与竞争生态韧性，深入探讨了组织韧性对企业生存与成长绩效的影响机制，数据分析发现，由于合作生态位韧性不仅能够起到资源补充效应，同时也导致企业注意力分散。同此，在正反效用共同作用下，合作生态位韧性对企业生存绩效存在倒 U 型影响，且在小企业这种边际效应更显著；在资源获取与潜力限制两种机制的共同影响下，合作生态势对企业生存绩效存在倒 U 型影响；而竞争生态位韧性与竞争生态势韧性均对企业生存绩效存在消极影响，并且竞争生态位韧性的边际效应在小企业中尤为显著，竞争生态势韧性显著积极影响小企业生存绩效。

3. 组织韧性与企业成长

据国外学者 Jang 等（2022）的研究发现企业的韧性对旅游业的可持续发展起到了积极的直接影响。适应能力和学习能力是企业组织韧性中所包含的重要成分，当企业处于危机情境下，这些能力可以帮助企业尽量避免受到影响企业生存和稳定的因素的冲击。Duchek（2020）认为，组织韧性是一种在危机后进行调整的能力，可以促进组织的发展，适应能力可以帮助组织及时反思并快速学习来提升组织的变革能力，从而使企业具有维持企业长期发展的优势。王勇和蔡娟（2019）基于组织能力的观点和视角，构建了组织韧性、战略能力与新创企业成长之间的关系模型。实证分析结果显示，组织韧性对新企业成长具有显著的促进作用和预测效果，身处高度不确定的创业环境中，具备高组织韧性的新企业不仅能应对环境变化带来的危机与不确定性，还能及时感知并对环境变化做出快速的反应，进而带来新企业的快速成长。王馨博和高良谋（2021）认为，对于新企业组织韧性的探讨离不开特定的情境，例如，在新冠疫情大暴发时期，较多新企业以互联网为渠道获取信息、资源和机会，或者将部分经营管理活动转为线上，互联网的应用为新企业的经营和管理提供了便捷且有效的手段，因此他们探讨了互联网嵌入背景下组织韧性对新企业成长的影响机制，揭示了创业学习在其中的中介作用以及互联网嵌入的调节作用。基于数据分析他们发现，组织韧性是新企业成长的重要驱动因素，并且创业学习在两者间起着部分中介作用，互联网嵌入积极调节组织韧性的情景意识和适应能力两个维度与新企业成长之间的作用关系。张秀娥和杨柳（2024）借鉴动态能力理论的观点，分析了组织韧性、双元学习、组织管理更新对中小企业成长的影响，数据分析发现，组织韧性作为新企业应对危机和逆境时，能够实现自我修复甚至超越的能力，显著积极促进中小企业的成长，并且危机后的双元学习在组织韧性与中小企业成长之间起着重要的中介作用。值得注意的是，他们研究发现，双元学习与组织惯例更新在组织韧性和中小企业成长之间存在链式中介作用。

4. 组织韧性与企业竞争优势

关于组织韧性与竞争优势间的关系是学者们关注的重点，较多研究基于动态能力理论视角，探讨了组织韧性对企业竞争优势的影响及其内在机制。陈红川等（2021）基于动态能力理论和制度理论的观点，实证分析发现组织韧性对企业的速度优势和成本优势均存在积极影响。一方面，组织韧性作为一种灵活性强的动态能力，通过配置和调整内外部资源以改变企业所面临的窘境，帮助企业高效、快速地应对逆境，缩短企业在逆境后的复原时间，在较短时间构建速度优势；另一方面，韧性强的组织具备更强的前瞻性和预见性，不仅能预知市场变化，还能持续跟踪行业中的技术创新，精准地把握市场发展方向，促使企业开发的产品与市场需求更加吻合，进而显著提升企业产品研发的成功率和资源利用效率，降低产品和技术研发失败的成本，提升企业的成本优势。王才（2023）通过对全国425家制造型企业的数据分析发现，组织韧性积极影响企业竞争优势的重构，组织韧性具有动态能力的基本特征，韧性较低的制造型企业往往在组织结构方面比较僵化，难以应对快速变化的创业环境，而韧性较强的制造型企业组织架构灵活，商业模式的适应性较强，能够迅速根据环境变化全面调整人力结构、组织系统和产品结构等方面，全方位重塑企业的经营管理系统，进而提高企业的产品竞争力和生产运营效率，实现竞争优势重构。

部分研究将组织韧性看作其他前因条件对企业竞争优势影响的中间路径，进而解析组织韧性所发挥的效果。张畅（2023）基于制造企业的样本分析发现，组织韧性作为一种有助于企业在面临逆境和危机时能够恢复甚至实现逆势成长的动态能力，是打开供应链关系质量与制造企业竞争优势之间关系的内在"黑箱"的关键钥匙，并且将组织韧性划分为敏捷韧性与应变韧性两个维度，其中敏捷韧性反映了企业的响应速度，企业在逆境中能够快速吸收新知识、高效决策且果敢采取行动，从而应对当前的危机；应变韧性反映了随机应变的能力，具体表现为企业在面临逆境时能够主动变通、灵活适应及风险承担，从而抓住潜在的机会，基于399份有效问卷的数据分析发现，敏捷韧性和应变韧性均显著积极影响制造企业竞争优势。Liu和Zhang（2024）综合动态能力理论、社会网络理论和资源依赖理论的观点，全面地探讨了组织弹性对新企业可持续竞争优势的影响机理，通过对长三角和珠三角地区收集的386份有效问卷分析发现，组织韧性对新企业可持续竞争优势具有显著的正向影响，并且战略能力中的战略制定能力和资源整合能力两个维度在其中发挥着中介效应。

第六节 本章小结

本章主要针对本书研究所涉及的相关理论、概念及现有研究进行梳理，包括新企业内涵与特征、创业警觉性、资源整合、机会识别和组织韧性等。

首先，本书研究的对象是新企业，通过对新企业的内涵与特征进行梳理，为项目后续研究内容奠定基础。

其次，本书研究系统梳理创业警觉性的内涵与测量方法，并从先验知识、自我效能感、创业学习、创业环境、社会网络等角度对创业警觉性的影响因素进行系统剖析和探讨，同时解析了创业警觉性对创业机会识别、创业意向、创业决策和企业绩效的作用效果。通过回顾先前的研究发现，创业警觉性是影响新企业生存和发展的重要因素。

再次，本章在对资源的内涵、特征和分类的基础上，解析资源整合的概念与测量方式，并从个体和组织层面解析资源整合的影响因素，以及资源整合的作用效果。文献数据发现，由于受到新生劣势的影响，新企业面临严重的资源约束困境，通过资源内聚与耦合两种整合方式，能够为企业应对逆境和危机提供必要的资源基础，是影响组织韧性的重要因素。

又次，不同研究对创业机会、机会识别的概念及内涵存在不同的理解，本章还系统地梳理了这两个变量的概念、分类和维度等，同时从创业者特质、创业者先验知识、创业者关系网络、组织因素（文化、结构、资源、战略导向等）、外部环境因素（制度、文化、市场等）等角度整理机会识别的影响因素。文献梳理发现，机会识别是影响新企业应对逆境和危机、生存与发展的关键因素。

最后，组织韧性是本书研究的重要变量，本章对组织韧性的概念和测量体系进行了系统整理，从领导力视角、结构视角、网络视角、资源/能力视角解析组织韧性的影响因素以及组织韧性对员工韧性、企业短期绩效和长期发展等方面的影响。通过对组织韧性的文献梳理发现，尽管组织韧性的相关研究已经取得了较多有价值的成果，但是往往局限于对组织韧性的一般性思考与研究，较少研究对特定的企业类型进行划分，缺乏不同类别的组织韧性研究视角。显然，针对不同的企业类型，其组织韧性的构建路径可能存在较大差异。尤其对于新企业来说，它们成立时间短、抗风险能力不够强大，因而如何培育和提升组织韧性对于其来说是亟待解决的实际问题。

第三章　理论基础与研究框架

第一节　理论基础

一、Timmons 创业过程模型理论

"创业过程"一词最早是 Gartner（1985）提出的，将创业者、企业类型、市场环境以及创建企业需要进行的具体行动创造性地纳入同一个分析框架中。他在研究中强调，这四个部分是新企业创立过程中不可缺少的内容，且它们之间关系紧密，既相互依赖又相互影响。首先，创业者自身的个性特征，直接关系到企业所处的行业类型以及从事的业务；其次，外部市场环境的变化又对企业的适应能力提出了要求，企业需要根据变化来对经营策略进行不断的调整；最后，无论是企业所要从事的业务还是战略的调整，都需要落实到具体的行动中去。Timmons（1999）提出了新的创业过程模型，该模型为创业研究方向提供了新的素材和视角。Timmons 在研究中指出，如商机、创业者以及创业资源等要素，是随着创业活动的不断展开而动态变化的。在复杂多变的市场环境中，创业活动的开展伴随着高度的不确定性、模糊性和复杂性，这就要求创业者必须具备高度的应变、适应能力以及灵活性。

Timmons 在研究中重点指出了商机的地位和作用，并将它看作创业者主动开展创业活动的重要驱动因素。通常创业者发现市场中具有潜在价值的机会，而选择组建创业团队开始创业，并通过努力获取资源来为活动的开展提供前提条件。

然而，因为市场环境存在复杂性、多变性和不确定性的特征，使商机、资源与团队三者之间的平衡状态被打破。为了保证创业活动的顺利完成，创业者需要在整个创业过程中不断对商机、资源以及团队三者之间的关系进行调整，让商机、资源与团队之间实现动态平衡。可以将 Timmons（1999）的创业过程模型看作一个倒三角形，商机、资源与团队分别位于三角形的三个顶点。在创业初期，由于商机通常较为明显而资源相对匮乏，导致整个三角形呈现出向左倾斜的状态。随着企业的不断发展成长，企业所积累的资源也不断丰富，而商机可能因市场的饱和或竞争的加剧而变得相对有限，此时三角形开始向右倾斜。在这样的动态变化中，团队的作用显得尤为重要，它需要不断重新评估商机，灵活调整资源配置，以确保三角形的平衡，从而推动企业稳健前行。

商业机会是推动企业进行创业的核心动力，创业者需要识别出有价值的商业机会，这是确保创业成功的前提条件（郭军盈等，2008）。资源则为创业成功提供了最基础的保障。市场、技术、人力等资源，是创业活动中不可或缺的重要组成部分。在创业的过程中，资源与商机之间是一个互相补充的过程，首先是充足的资源储备为企业开创新的商业机会提供了良好的条件，其次是新的商业机会又给企业带来了新的资源组合。在创业过程中起领导作用，做重要决策行为的往往是创业团队。创业团队的成员需要具备创造力以及能够提出解决实际问题想法的人才。他们需具备对环境变化有较强的适应力，且对工作吃苦耐劳以及乐于奉献的精神。创业团队需要善于利用商机和配置资源等，以创造优势条件，从而保证创业的顺利完成。

葛宝山等在其 2013 年的研究中，以我国转型经济为研究背景，基于 Timmons 创业模型进行了深入的讨论，他们以创业学习为切入点，构建了一个包括创业学习、创业能力以及创业机会—资源开发行为三个主要因素的相互作用模型。这一模型不仅考虑了企业内外部因素对这三个要素的影响，还强调了企业在不同生命周期阶段这些要素的变化。研究指出，企业在不同的生命周期阶段，其内部影响因素会发生显著变化。这种变化不仅影响了创业学习、创业能力和创业机会—资源开发行为，还改变了这三者之间的相互作用关系。也就是说，随着企业从初创、成长、成熟、衰退的四个阶段，这四个核心要素及其作用关系会表现不断变化的特征。在创业初期，创业者对机会的搜索和筛选至关重要，新企业的中心是快速整合资源以开发商业机会；随着企业进入成长期，新企业的管理重点由内部资源整合转移至外部环境，新企业应该合理地获取和配置资源以抵御外部环境的不确定性和竞争性。这一研究结论对于丰富 Timmons 创业模型具有重要的意义。它表明在现实的市场竞争环境下，创业是一个不断动态发展的过程，其会受到内外部多种要素的协同影响。

机会、资源以及创业团队是整个创业过程中必不可少的内容。创业者需要对市场机会具备一定的警惕，要对其潜在利用价值进行准确的分析和评估。同时，他们还需要对资金、技术以及人才等资源进行有效的获取、整合和利用，以此来支持创业活动的顺利开展。需要注意的是，创业的成功离不开一个强大的团队，团队成员之间需要相互信任、相互配合，共同应对创业过程中可能出现的各种风险和挑战。机会、资源以及团队之间需要保持一定的平衡状态。随着市场的不断变化，创业者需要不断调整计划，优化资源配置和利用效率，并激发团队的创造力和判断力。创业过程理论阐述了商机、资源、团队三者间相互作用、相互依赖的动态关系，因此，对于理解创业活动，需要从一个整体、系统的视角出发（胡洪浩和王重鸣，2013；王超，2021）。

对于存在资源约束和市场进入壁垒的新创企业来说，创业者需要快速做出有利于企业发展的决策，从而帮助企业获取竞争优势（王馨博和高良谋，2021；王超，2021）。这就要求创业者需要在市场信息、资源等条件都有限的情况下，做出科学合理的决定，用以把握潜在的商机。为了识别有价值的创业机会以及推动企业实现持续发展，企业管理者需要对外部环境的变化始终保持一定的警惕。通过对外部环境进行实时观测和分析，创业者可以快速发现新的市场机会和潜在的威胁，从而及时调整企业的战略定位和业务计划。当外部环境发生变化时，创业者需要快速采取响应措施，通过及时反应和灵活调整，帮助企业提升自身对环境的适应能力，实现稳健发展。

在不断变化的环境中，创业者需要对可能出现的挑战和风险保持一定的敏锐，以察觉并准确识别出潜在的商业机会（张秀娥和王超，2019）。一旦发现具有潜在价值的商业机会，创业者需要通过对资源的灵活调配来积极回应这些机会。创业警觉性在这个过程中发挥了重要的作用，警觉性高的创业者相较于那些警惕性低的个体会更为积极地采取行动来抓住和利用这些机会。当创业者察觉到某个机会对企业来说存在价值时，他们会根据企业自身以及市场状况，科学谨慎地决定是否进行创业这一重大决策。在这个过程中，创业者所掌握的资源种类与数量，对于能否有效利用机会来说非常重要（胡洪浩和王重鸣，2013）。这就要求个体不仅对转瞬即逝的机会保持高度的洞察力，还需要对企业内外部所能利用的资源保持一定的敏感性。只有当他们能够清晰地知道现有资源的利用状态，才能够更好地提升对现有资源的利用效率，并不断向外探索那些隐藏的资源，为开拓新的商业领域、化解创业过程中所遇到的难题提供支持，最终推动企业价值的提升。创业警觉性不仅能够增强创业者对现有资源的重视，还能显著提升新创企业对资源的整合能力。对于处于资源紧缺的困境中的新创企业来说，高警觉性的管理者不仅能够提升对现有资源的利用效率，还能够通过一系列行为来获取支持企业发展的新资源，从而构建新的资源组合。通过创业拼凑这一策略，新创企业能够开发出全新的产品内容、构建独特的组织结构，并创新交易治理方式，从而准确地抓住具有一定商业价值的机会（Baker & Nelson，2005）。这一系列积极的行动与策略，最终将助力新创企业在激烈的市场竞争中脱颖而出，取得令人瞩目的良好绩效（Senyard et al.，2014）。

通过以上分析发现，Timmons 的创业过程理论为本书研究的开展提供了较为坚实的理论支撑。为解释机会层面的机会识别、资源层面的资源整合以及创业者层面的创业警觉性之间可能存在相互影响、相互促进的关系提供了理论支持。通过将这三个层面的相关因素纳入统一的分析框架，可以更加全面地理解创业过程中可能会出现的问题以及具有针对性的解决方案。首先可以利用创业警觉性来进行创业机会的有效识别，其次通过对资源进行有效的整合和配置来提升资源的利用效率。总的来说，该理论不仅为深化理解创业过程提供了参考，还为创业者开展创业活动以及创业实践提供指导。

二、资源基础理论

资源基础理论备受创业研究学者的关注，较多研究基于资源视角解释新企业竞争优势的差异（Brush et al.，2001；Sirmon et al.，2007；董保宝等，2011；郭彤梅等，2024）。资源基础理论最早源于 Penrose（1959）的研究，与以 Porter 为代表的产业组织学派关注外部环境因素对组织竞争力影响的研究不同，Penrose 将关注点聚焦于组织的内部成长，打开组织成长的内在"黑箱"，认为组织是资源的集合体，在生产环节必须投入资源要素。Wernerfelt 在此基础上于 1984 年发表了具有里程碑的论文，明确提出资源基础观（Resource–Based View，RBV），Wernerfelt 综合产品组合理论与要素需求理论的观点，认为组织核心竞争力和盈利水平的差距源于自身具备的有形和无形资产，这些资产能够转化为独特的能力，强调组织战略选择的逻辑起点是对资源的关注，通过建立资源壁垒能够直接或间接地促使其他竞争企业难以追赶。在接下来的理论发展过程中，Barney 在综合既有研究的基础上进一步发展和深化了 RBV，详细阐述了资源的概念、RBV 的核心概念以及创造组织竞争力的资源特征，并逐渐将其演化为更为系统的、综合的资源基础理论（Resource-Based Theory，RBT），在这一理论的框架中，企业的资源是不可流动的、异质的，是企业形成竞争优势的关键因素，企业凭借其独特的资源组合，构建了独特的竞争地位，并使其他竞争对手难以模仿或复制。此外，并非所有的资源都能为其带来持续竞争优势，只有资源具备了价值性、稀缺性、不可模仿性和不可替代性特征，并通过特定的战略行动将资源转化为产出，企业才能够具有可持续竞争优势（Barney，1991）。

资源基础理论较好地解释了企业能够比竞争对手提供更好产品/服务的原因，为企业的管理实践提供了理论指导，即企业管理的重要职责是积累和构建具备价值性、稀缺性、不可模仿性和不可替代性特征的资源基础以获取竞争优势（董保宝等，2011）。其中，有价值的资源是指能够促使企业制定和实施战略以利用机会或规避威胁，从而提高企业绩效的资源；资源的稀缺性是指当企业实施创造价值的战略时，其他企业并不能采取类似的战略，如果很多企业具备有价值的资源时，那么这些企业都能以相同的方式利用这些资源，从而采取相同的战略，这也就导致任何企业都不能获取竞争优势；不可模仿资源是指竞争对手难以获得和利用的资源，企业资源难以被模仿存在三个原因：企业获取资源的能力依靠独特的历史条件、企业所具备的资源与其竞争优势间的联系在逻辑上是模糊不清的、资源产生竞争优势的过程具有社会复杂性，并且这种复杂性是在企业可控制的范围之外；不可替代性是指能够带来持续竞争优势的资源必须是不存在战略上等价的资源，假如特定有价值的资源是稀有且不可完全模仿的，具备这些资源的企业能够制定和实施特定的战略，如果其他企业没有战略上等价的资源，那么这些战略将会给企业带来持续竞争优势（Barney，1991）。以上关于企业持续竞争力来源的解释和资源特征在后续资源基础理论的发展和扩展中得到了广泛的引用。

早期资源基础理论的核心观点是企业如果想构建持续竞争优势，那么必须获取和控制特定的资源，但是随着研究的不断扩展和深入，学者逐渐将能力从资源中分离出来，资源是指企业获得、拥有和控制的各类资产要素结合，而能力是指企业配置和运用这些资产要素进而创造组织产出的能力，两者之间紧密联系且都对企业竞争力存在影响（Amit & Schoemaker，1993）。在这个阶段，部分学者开始对资源基础理论的观点进行反思，并且出现了批判性文献。例如，Miller 和 Shamsie

（1996）对比了在稳定且可预测和变化且不可预测环境下不同类型资源对财务绩效的作用差异，他们研究发现，在不同环境下，资源对企业财务绩效的影响存在差异，其中财产资源在稳定且可预测的环境中有助于提升财务绩效，相比之下，只是资源在变化且不可预测的环境中有助于提升财务绩效。他们的研究表明，企业对资源的静态控制并不能完全解释企业获取持续竞争优势的原因。Priem 和 Butler（2001）深入探讨了 RBT 作为战略管理研究的潜在理论框架存在的局限性，一方面缺乏对外部环境变化和竞争对手的关注不足，并且过于偏重理论构建，而缺乏对具体行业和案例企业的实证研究，理论的普适性受限，并提出 RBT 是一个有用的理论视角，但需要与其他理论相结合，如动态能力理论、制度理论等，这样才能够更为全面地理解复杂的企业战略管理问题；另一方面肯定了资源基础理论解释企业竞争力的积极作用，但是从反面解释了静态资源基础理论的局限性。此后关于资源和能力的区分以及能力的研究成为学者关注的焦点（张琳等，2021），其中动态能力是最受关注的流派，动态能力的提出标志着资源基础理论由静态观向动态观发展，强调外部环境动态变化与企业内部资源及能力间的互动，进一步深化和完善了资源基础理论（Teece，2007）。

虽然动态资源基础理论从动态视角解析了企业资源和持续竞争优势之间的关系，但是关于资源配置及能力形成的内在机制依旧缺乏深入探讨。随着动态资源基础理论的发展和成熟，此阶段以 Brush、Sirmon、Baker 为代表的学者在继承资源基础理论和动态能力理论的基础上，提出了资源管理理论、资源编排理论、资源拼凑理论等新的思路，这两个方向的研究从过程和行为视角出发探讨组织内外部资源行动在资源积累和能力构建过程中发挥的作用以及内在机制，有效地回答了"如何"方面的问题，为资源基础理论的发展指明了新的方向（张璐等，2023）。Brush 等（2001）较早通过案例研究对新企业资源建构过程进行了深入分析。为了获得竞争优势，首先，新企业需要识别资源，并进一步配置和开发现有的资源优势；其次，创业者必须整合资源以构建资源平台，从而产生独特的与机会相匹配的能力。Sirmon 等（2007）探讨了动态环境下如何管理资源以创造价值的内在"黑箱"，从而弥补 RBT 关于动态、环境、管理者角色等方面问题的批判，他们提出，资源管理该过程包括构建资源组合、捆绑资源以构建能力、利用能力为客户提供价值。Sirmon 等（2011）进一步整合资源管理和资源编排思想，提出了资源编排理论框架，通过资源、能力与管理者行动的有效组合才能够创造竞争优势，并且资源编排过程包括结构化资源、资源整合、资源利用。Baker 和

Nelson（2005）基于新企业的资源约束特性，提出了资源拼凑理论，通过对现有资源的"将就利用和拼凑重构"，新企业可以获取新的价值，这种拼凑行为可以突破资源限制，资源拼凑理论在 RBT 原有内容的基础上进一步解释了新企业资源形成和配置的具体机制，有效地丰富了 RBT 研究范畴。

根据 RBT 的观点，资源是新企业采取战略行动以应对 VUCA 环境挑战的基础。由于新企业受到新生劣势的影响，在创建初期难以获得创业所需的关键资源，普遍面临严峻的资源困境，因此，新企业必须对手头掌握的资源进行高效的整合，包括闲置的、被低估甚至丢弃的资源，挖掘资源的内在潜力，从而构建能够产生技术、研发、市场等能力的资源平台，能够帮助新企业成功利用和开发商业机会，最终为新企业和顾客创造价值（Brush et al.，2001）。较多研究证明，新企业对资源的有效整合与静态资源禀赋同等重要，也是其应对危机和逆境依然能够采取特定的行动，对环境变化快速反应甚至转危为机的重要手段（董保宝等，2011；鲁喜凤和郭海，2018；Gayed & Ebrashi，2023）。通过资源整合过程能够带来不同资源间的融合与交互，进而形成独特的专用性绑聚，资源绑聚将产生协同效应，有效地提升了资源的使用效果，进而有助于企业构建超越竞争者的新能力（彭学兵等，2019）。

第二节　创业警觉性与新企业组织韧性的关系

韧性是指个体或组织在面对逆境时，能够快速恢复并适应新环境的能力，这对于创业成功来说至关重要，因为创业过程充满了不确定性和挑战。郝喜玲等（2020）在构建创业韧性的研究框架时，对韧性的定义、影响因素及其对创业者行为的影响进行了深入分析。通过对失败情境下的创业韧性进行研究，为理解创业者如何在困境中恢复和成长提供了重要视角。此外，对于失败恐惧与创业韧性的关系，郝喜玲等（2024）通过实证研究发现，较低的失败恐惧感是创业韧性的重要预测因子。这些研究为深入理解创业韧性的理论框架和测量方法提供了基础。组织韧性是指企业在面对外部环境变化或内部危机时，能够有效适应、调整和恢复的能力。李乾文和曹佳颖（2021）的研究通过系统地梳理组织韧性的研究脉络，指出创业生态系统是培育组织韧性的关键环境因素。他们的研究不仅为理解组织为何需要培育韧性提供了新视角，也为制定相关的组织发展策略提供了理论支持。在此基础上，创业警觉性是指创业者对市场机会的敏感度和反应能力。这种警觉性能够与组织韧性相互作用，共同影响创业企业的适应性和成长性。张秀娥和杨柳（2024）通过研究发现，组织韧性对中小企业成长有显著的正向影响，且双元学习和组织惯例更新在其中起到了中介作用。这表明，具备创业警觉性的组织在面对挑战时，能够通过有效的学习和调整其组织惯例来实现成长。此外，结合组织韧性的概念，其研究进一步揭示了创业警觉性如何通过促进组织的学习和变革，增强企业的适应力和竞争力。

在管理实践中当提到一个企业时，多数脑子中可能反射出这个企业背后核心创始人的名字，大量研究将创业者与新企业的生存和发展紧密联系起来，创业者是推动新企业早期生存和快速发展的重要力量，在创业活动过程中，尤其是早期的创建阶段，创业所具备的知识基础、能力及其对环境变化的警觉性对于新企业识别和成功开发机会至关重要（汤淑琴等，2015）。基于文献梳理和综合分析可以发现，创业者所具备的创业警觉性与组织韧性的研究逐渐受到关注，尤其是在不确定的市场环境和创业失败的背景下。在当前快速变化和充满不确定性的商业环境中，创业警觉性和组织韧性对于企业的成功与否起着至关重要的作用。创业警觉性体现了创业者对新机会的识别和反应能力，而组织韧性则反映了组织在面对外部冲击和内部挑战时的适应和恢复能力（Lengnick-Hall et al.，2011）。研究显示，创业警觉性高的创业者能够更好地识别市场机会和风险，而组织韧性则帮助企业在面对外部冲击时保持稳定和持续发展。Ko 和 Butler（2007）认为，创业警觉性在新企业创建和发展过程中扮演着至关重要的角色，他们采用机会的可行性和盈利性度量创业机会识别，通过数据分析发现，创业警觉性积极影响创业机会识别，警觉性更高的创业者在面对外部环境变化时能够进行相关性联想，进而快速开发新产品和新服务，这种快速反应能力有益于创业成功。

创业警觉性的不同维度对于组织韧性存在不同的作用，Tang 等（2012）基于信息加工理论，提出创业警觉性包含搜索和扫描、关联和连接、评估和判断三个维度，随后，Boso 等（2019）证明该量表的维度划分和题项具有良好的信度和效度。张秀娥和王超（2019）采用该量表实证分析了创业警觉性、创业机会识别与创业成功之间的关系，也验证了该量表的维度划分在中国情境下的适用性。因此，本书研究借鉴 Tang 等（2012）的观点，将创业警觉性划分为搜索和扫描、关联和连接、评估和判断，并分别探讨三个维度对新企业组织韧性的不同影响。

一、搜索和扫描与新企业组织韧性

搜索和扫描是一种认知活动，是指创业者在探索新想法或寻找特定问题答案时，通过警觉性和非系统化的方法，广泛获取和整合与其领域相关的信息的过程，搜索和扫描维度与识别新机会的知识、准备和敏感性紧密相关，通过搜索与扫描不同来源的知识和信息，创业者能够建立起广泛的知识储备，包括通过经验获取的难以编码的隐性知识和外部且易于共享的显性知识，对外部环境中的信息搜索和扫描促使创业者能够在验证新想法的各种尝试中坚持不懈（Tang et al.，2012）。当创业者具备强大的环境搜索和扫描能力时，面对市场环境平衡被破坏的情况下能够更迅速、灵活地做出反应，这种快速反应能够帮助新企业通过发挥先动性优势，领先于其他竞争对手，进而获得应对快速变化环境的韧性能力（Roundy et al.，2018）。环境不确定性特征促使新企业创建和发展面临严峻的挑战，信息不完全将影响创业者的情景意识，当创业者难以获取关键环境信息时，将影响其对外部环境的评估和判断，进而难以评估哪些是影响组织运营和管理的破坏性事件，而通过主动地扫描环境，时刻关注与战略决策、企业运营紧密相关的信息，将极大地提升新企业应对不确定环境的能力（张公一等，2023）。组织韧性是一个动态变化的过程，包含逆境前、逆境中和逆境后三个阶段，搜索和扫描对每个阶段的作用存在差异：在逆境前阶段，创业者对应急和风险管理方面的知识搜索有助于企业储备丰富的知识，提升对逆境和危机的认知能力，进而提前做好预备和防范；在逆境中阶段，创业者通过知识搜索能够快速制定突发事件和危机的有效解决方案；在逆境后阶段，通过对应急和危机管理知识的搜索，并进行学习和总结，企业能够及时发现自身不足和查漏补缺，帮助企业恢复至比逆境前更好的状态（孙国强等，2021）。

跨越组织边界的搜索与扫描行为作为获取外部知识和信息的重要途径，有助于新企业扩充知识储备、发现商业机会，是新企业突破知识约束、获得生存和竞争优势的重要手段，为解决新企业生存难题提供了可行的路径（蒋兵等，2023）。较多学者关注了跨界知识和信息搜索对新企业组织韧性的影响，如宋剑锋等（2022）研究指出，对于科技型新创企业，跨界知识搜索对于组织韧性和绩效尤为重要，企业通过跨界搜索行为检索外部的异质性知识，通过掌握外部环境的动态变化，为企业摆脱知识限制，进而为企业创新提供支持。其中，反应型知识搜索行为是在既有知识基础上进行搜寻，帮助新企业快速发现符合环境需求的新知识并进行吸收转化，进而实现短期绩效增长；前瞻型知识搜寻侧重企业未来发展的知识需求，以更加广阔的视角、开放的观念扫描外部环境，帮助科技型新企业突破原有的技术轨道和洞悉未来客户需求和市场发展趋势，从而有利于科技型新企业应对快速动荡的环境，实现绩效的持续增长。王娟茹和刘洁怡（2024）研究也发现，企业通过紧跟竞争对手以搜索环境中已有知识的反应型跨界搜索，能够有效地增加企业对既有知识库的熟悉度，提升知识深度，有利于企业应对内部环境带来的干扰，提升组织的对内韧性；前瞻型跨界搜索是指企业领先于竞争对手通过搜索尚未普遍接受、具备较高潜在价值的知识以发现机会与威胁，倾向与大学、科研院所等知识创造主体构建深度的合作关系，能够扩大组织的学习范围，有效地增加知识深度，打破既有的组织惯例，进而有利于企业应对外部环境和突发事件带来的冲击，提升组织的对外韧性。

学者基于不同的研究视角，探讨搜索和扫描维度对新企业组织韧性的作用路径，包括机会识别、组织革新、资源拼凑等方面。能否在复杂的创业环境中识别机会是新企业生存和发展的关键，创业机会识别本质上是创业者通过知识搜索、整合与运用等过程从而洞察外部环境中的机会（Shane & Venkataraman，2000）。陈云川等（2024）基于知识基础观与动态能力理论的观点，构建了知识搜索、数字化能力与创业机会识别之间关系的理论模型，通过对251位创业者的样本数据研究发现，与大型和成熟企业相比，新企业在知识和其他资源方面都匮乏，因此新企业更有必要全面、系统地搜索多方的知识与信息，进而推动新思维、新创意和新思想的产生，增强企业的机会识别能力，从而帮助新企业主动认知风险、抵御不确定性。张秀娥和王超（2019）指出，搜索和扫描能够提高创业者对外部环境变化的高度敏感性，表现出比其他个体更敏锐的环境洞察力，时刻搜索和关注市场的不均衡，比其他创业者更容易发现市场环境中客观存在的商业机会，进而促使创业活动取得成功。吴晓波和张好雨（2020）采用案例研究法探讨了后发企业是如何应对市场竞争所诱发的组织危机。他们指出，企业的危机管理包含两个方面：一方面是企业能够更好地在危机中脱身，另一方面是企业能够降低危机发生的概率，而后发企业系统地搜索和分析组织内外部环境以精确地感知和识别外部的威胁和内部的竞争力缺陷是其危机管理的前提和基础，这种感知能够帮助后发企业在面对潜在的威胁时能够知己知彼，提高企业的警惕性，并为后发企业的危机管理行为提供必要的知识和信息。

在VUCA特征显著的创业环境下，新企业面对环境变化带来的威胁和压力，需要实施组织变革从而应对环境压力，具备更高组织变革倾向的新企业能够改善经营效率低、成本费用高、利润率低等方面的问题，而危机情境下有效实施组织变革性调整的新企业更能够突破困境（姚梅芳等，2016）。动态竞争理论认为，在动态市场竞争环境下要求组织持续市场中的竞争态势以及动态变化趋势，通过不同来源搜索信息有助于创业者对市场的基本竞争态势做出合理的判断，创业者受到感知竞争张力的影响，能够根据信息反馈调整跟进策略，有效地实施组织变革以应对环境压力，从而促使企业在逆境和危机下实现绩效的提升（张奥等，2017）。YahiaMarzouk 和 Jin（2023）基于组织信息处理理论，探讨了新冠疫情大流行期间经搜索与扫描对组织韧性的影响，采用问卷调查收集了 249 家埃及中小企业样本，数据分析发现，搜索与扫描虽然并不会直接影响组织韧性，但是能够通过组织学习和组织流程变革而间接影响组织韧性。

二、关联和连接与新企业组织韧性

信息的关联和连接是一个递进和创新的过程，强调的是如何通过接收新信息、进行创造性思维以及逻辑延展来处理信息（Tang et al.，2012）。关联和连接维度反映了创业者将不同来源的信息进行有效整合的能力，以及将搜索和扫描所获取的信息构建连贯的替代方案或决策的倾向，这个维度关注的是创业者如何在认知层面应对和处理不同的信息线索（王超，2021）。通过将外部环境中的新刺激和已建立的认知结构进行关联和连接，创造和拓展不同来源信息之间背后的连接逻辑，创业者能够冲破常规的思维模式，感知外表看似不相关信息之间的关联，进而更迅速地识别机会与威胁，并且比竞争对手更快做出反应（Roundy et al.，2018）。特别是在极端事件或危机时，信息关联与连接能帮助组织更快地恢复并适应新环境，这种信息连接不仅提高了组织的适应能力，还增强了应对未来潜在危机的能力（Rajala & Hautala-Kankaanpää，2023）。Baron（2006）研究指出，关联维度促使创业者能够识别和发现看似不相关的信息间的连接点，发现信息背后隐藏的机会信号，从而发现或创造出能够创造商业价值的产品或服务。

信息关联和连接被广泛研究，是增强组织韧性的重要因素。信息的有效关联与连接不仅能改善组织的日常运营效率，还能在应对外部危机和环境动荡时，帮助组织更快、更灵活地做出调整和反应。在数字经济背景下，数字技术的发展推动了企业间信息共享的变革，从而促进信息之间的关联与连接。平台基础的数字连接使企业能够通过数字化工具访问、收集和分析供应链中的实时数据。这种实时的信息获取和分享，有助于企业在外部环境中快速做出调整，从而提升企业的适应性和韧性。Waerder（2022）研究表明，数字化转型的企业在面对复杂的市场环境时，能够通过更紧密的网络和生态系统的协作，提高协作效率和决策灵活性。从复杂性理论与创新能力来看，复杂性理论强调了组织在不确定性和复杂环境中的互动性。信息的关联和连接通过促进组织内外部的互动，帮助组织保持创新和适应能力。通过信息流的高效管理，组织能够保持一种"有限的不稳定"，从而最大限度地利用外部信息资源来推动创新与灵活应对危机，这种动态适应机制对于增强组织韧性至关重要（Mhlanga，2024）。

文献梳理发现，学者不仅关注了关联和连接对组织韧性的直接作用，还有部分研究探讨了关联和连接如何通过资源拼凑路径而影响组织韧性。关于资源拼凑路径，根据资源基础理论的观点，企业获得持续竞争优势的关键是稀缺资源与核心能力，而新企业由于新生劣势难以从外部获取创业所需的资金、技术、人力等资源，在创建和成长过程中普遍面临严重的资源约束困境。创业资源拼凑包含三个要素：将就着做、有效利用手边可用资源、将资源重新组合并应用于新目的，为新企业提供了一种有效的解决资源不足问题的创造性方法（Baker & Nelson，2005）。王超（2021）指出，资源重新组合需要与发现的机会进行匹配，寻找最适合机会开发的资源组合方式，关联和连接维度的作用在这个匹配过程中体现出来了，因为关联或连接过程能够帮助创业者将新获取的信息与既有信息进行匹配，扩展和创造出不同信息间的连接逻辑，进而有助于创业者发现最合适的资源组合策略，提升新企业应对市场不确定性和生存挑战的能力，甚至帮助新企业在资源匮乏的情境下实现快速成长。陈敏灵和毛蕊欣（2021）构建了创业警觉性、资源拼凑和新企业绩效间的关系模型，实证分析发现，关联和连接积极影响资源拼凑。因为在资源拼凑过程中，创业者面临各类与资源有关的信息，关联和连接作为一种认知行为，能够将外表看似不相关的信息关联起来并进行组合，分析信息之间存在的可能异质性选择，跳出固化思维模式，创造新的事物，进而带来有限资源的有效利用和创造性组合，从而提升新企业的生存与成长绩效。蒋兵等（2023）研究指出，通过对多个领域或行业的信息进行跨界联想和连接，有助于创业者发现和构建既有资源的新关联、新用途和新结构，实现既有资源与不同创业机会、应用场景之间的匹配，形成多样化和创造性的资源利用组合，进而提高企业的并行性资源拼凑，帮助新企业突破资源约束困境。

三、评估和判断与新企业组织韧性

不确定性来源于创业者无法准确地评估外部环境的状态和未来发展趋势，受个体主观能动性的影响，创业者会有选择地获取特定的关键信息而非全盘获取外部环境中客观存在的所有信息，因此通过筛选、加工、评估与判断环境信号所形成的主观认知至关重要（张公一等，2023）。评估和判断维度是指创业者基于已有的知识基础和原型，评估新信息并判断其是否存在潜在盈利价值的认知过程，这个过程受到评估主体、客体、方法和过程的影响，例如，评估主体的个人特质、偏好、情绪状态等因素，反映了创业者对特定信息价值的感知力和洞察力（刘刚，2019）。在评估新信息是否具有商业价值时，创业者会进行以下两个阶段的判断：第一阶段，创业者在市场环境中存在潜在商业机会，并且该商业机会可能适合部分人开发与利用；第二阶段，创业者对这种潜在的商业机会进行深入评估，判断商业机会对自身来说是否具有价值、是否有开发机会的能力，如果创业者认为商业机会对自身来说是可利用的、有利于创业活动的，并且会系统评估自身承担机会所带来的不确定性的意愿，并决定是否进一步开发和利用机会（王超，2021）。

评估和判断维度对创业机会评价存在显著的影响，从内涵来看，评估和判断本质上是一个信息"过滤器"，通过这个"过滤器"创业者能够判断新信息的内容与质量，过滤掉不重要的、影响决策的信息，帮助创业者快速、准确地在多种可能性中选择对新企业更有价值的创业机会，即机会评估过程，进而有助于企业更容易取得成功（Tang et al.，2012）。此外，组织能够有效地收集、分析和解读信息，不仅可以提高其应对外部变化的能力，还能通过灵活调整战略，增强组织的长期韧性，信息评估与判断直接影响组织在危机中的反应速度和决策质量。通过有效的信息评估，组织能够快速识别和评估外部威胁与机会，确保其做出的决策符合当前形势的需求（Liu & Zhang，2024）。这种敏捷的反应能力是组织在面对动态环境时维持其竞争力的关键因素。准确的信息评估能够为组织的资源整合提供支持。资源整合与战略调整能力是组织韧性的核心组成部分，有效的信息判断有助于企业在危机中重新分配资源，调整战略布局，从而在外部环境发生变化时保持灵活性（Bartuseviciene，2023）。

评估和判断对新企业的资源拼凑行为存在重要的影响。陈敏灵和毛蕊欣（2021）研究发现，创业警觉性中的评估和判断维度对资源拼凑过程的影响程度最大，评估和判断能够对所存储的信息进行评价，过滤不必要的信息，判断新信息是否具备潜在价值的认知活动，创业通过评估和判断对既有资源库中的资源进行再认识、再创造，对既有资源库进行深入的挖掘，促使创业者在高度不确定环境下能够保持对企业内外部资源的持续关注，并明晰资源对新企业生存和发展的价值，进而驱动资源拼凑行为发生，帮助新企业突破资源约束困境实现快速发展。王超（2021）研究指出，评估和判断能够帮助创业者过滤掉无效的信息，有助于创业者在不断的资源拼凑试验过程中高效地发现有价值的资源组合以推动创业机会开发与利用。蒋兵等（2023）研究也发现，评估和判断对选择性资源拼凑存在重要影响，由于新企业手头的资源有限，过多的拼凑方向将分散新企业的资源投入，而创业者通过对来自多个行业、多种来源的复杂信息和知识进行系统评估和判断，对企业已有资源不同组合方式的对比、论证与推断，能够帮助企业聚焦成功率更高的资源拼凑方式和策略，进而减少创业失败的风险。

综上所述，信息评估和判断不仅是组织在危机中存续的关键能力，也在长期发展、创新和战略调整中发挥重要作用。组织应加强信息处理机制，确保在复杂多变的环境中具备足够的韧性，以应对未来的各种挑战。

第三节　资源整合与新企业组织韧性的关系

组织韧性是指组织在面临外部冲击和挑战时的适应能力和复原能力。近年来，随着环境的不确定性和变革加剧，较多研究关注如何通过资源的有效配置和管理来提升组织的韧性。新企业应对危机的战略行动需要资源的支持，但是新企业面临严峻的资源约束。资源管理相关研究认为，新企业不仅需要跨越组织边界获取资源，同时更加需要优化组织内部配置和部署资源的行为（Sirmon et al.，2007）。资源整合是组织将所获取的资源进行配置以形成和改变能力的过程。通过有效资源整合形成异质性产品或服务既是新企业完成机会开发的基础，也是其应对 VUCA 环境的重要手段（蔡莉和尹苗苗，2009）。Jang 等（2022）在旅游行业的研究中，强调了有效的资源管理及其对组织韧性的影响，揭示了在特定行业中资源配置的独特性。王国红等（2024）探讨了资源编排与中小企业组织韧性的关系，解释了两者之间的作用机制和边界条件，基于 334 个中小企业样本的数据分析发现，资源构建及资源协调均对中小企业组织韧性存在显著的积极影响，并且数字运营能力和数字协同能力在资源编排与组织韧性间起着中介作用。Anwar等（2021）基于资源禀赋理论的观点，认为新企业内不同职能领域间有效地沟通和互动，可以简化任务集成和资源整合过程，进而帮助新企业应对威胁和压力并从中恢复，甚至在逆境中茁壮成长。

资源拼凑是一种独特的资源整合方式，是指创业者为了解决创业过程中面临的问题，凑合利用手头资源，创造性地整合既有资源以创造出新产品/服务，进而解决新问题和发现新机会的过程（Baker & Nelson，2005）。通过资源拼凑，能够帮助创业者利用成本更低的资源，开拓新市场和新技术，打破原有的资源限制，提高企业的市场竞争力（陈敏灵和毛蕊欣，2021）。祝振铎和李非（2017）认为，创业资源拼凑为中国转型经济下的新企业如何突破"新"与"小"弱性所导致的双重资源约束进而获得生存和成长提供了全新理论解释。他们研究发现，资源拼凑是通过独特的拼凑手段对手头资源价值的深入和创造性挖掘，是一种新的资源整合模式，从自身并不具备资源，到社会资源的整合，以协作方式创造性配置资源，超越了传统市场资源的整合效率，资源拼凑能够帮助新企业突破传统的关系约束和组织管理，以较低成本、快速服务进行价值创造，从而突破资源约束困境实现创业成功。基于资源基础理论的观点，资源拼凑是组织在不同情境下对既有资源进行合理的配置与规划，能够帮助新企业克服资源约束方面的挑战，并在一定程度上能够有助于新企业规避潜在的创业风险（Baker & Nelson，2005）。

传统的资源整合研究尝试从资源整合的内容、方式、过程和效果来探讨资源配置与应用问题（Sirmon et al.，2007；蔡莉和尹苗苗，2009；董保宝等，2011；易朝辉等，2018；弋亚群等，2023），但是既有研究尚未区分相同类型资源之间的整合与不同类型资源之间的整合的差异，难以解释资源整合的内在"黑箱"。彭学兵等（2016）借鉴物理学的耦合和软件工程学的内聚两个概念，将创业资源整合划分为资源内聚和资源耦合两个维度来探讨不同类型资源整合对新企业绩效的影响，其中软件工程学的内聚概念表征一个软件模块内部各组件之间的相互关联程度；而物理学中的耦合概念是指两个及两个以上系统或者运动形式通过复杂的相互作用过程而彼此影响的现象；新企业为了获得某种类型资源的领先优势而对这类资源进行识别、配置、激活和融合，进而达到同种资源的高效利用，同时为了发挥不同资源间的组合优势，新企业会对不同资源进行配置与融合，从而实现不同资源相互促进、彼此影响的目标，这两个过程与物理学的耦合概念和软件工程的内聚概念十分相似，从而进一步将相同类型资源的整合界定为资源内聚，不同类型资源的整合界定为资源耦合。基于这种方式对资源整合类型划分是创业资源整合研究的一次创新且有益的探索，因此本书研究借鉴彭学兵等（2016）对资源整合维度的划分，并分别从资源耦合与资源内聚两个方面探讨资源整合对新企业组织韧性的影响。

一、资源内聚与新企业组织韧性

资源内聚是指新企业对既有资源库中的分散资源进行筛选、聚类与融合，从而将同种类型资源进行整合，在新企业创建和成长过程中，为了获得某种资源的领先优势，新企业对该种资源进行深入的识别和选择、汲取和配置、激活和有机融合，进而达到同种类型资源的高度关联，实现有限资源的高效利用（彭学兵等，2016）。通过有效的资源内聚过程，新企业能够剔除组织内的无效资源，将保留的有效资源细分为不同子类，并按照内在属性进行编排、配置及有机融合，促使同类型资源能够高效地协调与配合，实现资源之间的互补效用，进而带来整体资源集合大于部分之和，从而帮助新企业突破资源约束困境，及时抓住市场中的商业机会，应对环境变化带来的威胁（刘玥伶等，2018）。

资源内聚对新企业应对逆境和危机的韧性能力具有重要的影响。一方面，对于同类型资源进行细分、归类、统分、交融，将组织内不同部门、员工等的资源组合成整体后，扩大既有资源的使用范围，有效减少资源冗余，实现同类型资源的协调与互补性，进而提高既有资源的利用和价值创造效果来支持组织应对外部挑战与不确定性（彭学兵等，2019）。例如，新企业通过对来自不同利益相关主体的技术进行内聚，重复的技术能够被筛选并进行重新配置，进而有助于降低新企业的技术资源方面的成本（Amir-Aslani & Negannsi，2006）。另一方面，通过对人力资源的内聚，有助于跨主体、跨部门间的知识流动与整合。新企业在新产品开发过程中往往依靠跨部门、跨职能团队，来源于不同职能领域的专业技术人员能够带来异质性技术和知识，通过对跨部门人力资源的融合与内聚，能够提高人力资源的整体利用效能，进而构建持续竞争优势（Anwar et al.，2021）。

新企业进行同类型资源的内聚有助于实现某种资源上的领先优势，例如，新企业在产品和工艺流程开发过程中，通过技术聚合能够有效提升企业在新产品和新工艺流程方面的技术创新能力，并导致新企业内部运作具有更大的灵活性，这样使新企业能够最大限度地利用产品开发机会，更加高效、更大程度地满足市场需求（Amir-Aslani & Negannsi, 2006）。在人力资源内聚方面，新企业通过对人力资源的重新配置能够最大限度地挖掘有限人力资源的内在潜能，促进新企业的人力资源形成功能性的整体，尤其是有助于协调不同职能领域的知识和技能，解决了内部通用性知识和系统知识间的匹配问题，协调了企业内部的生产系统、运营系统、市场系统、财务系统以及外部价值网络之间的互动关系，进而提高新企业的创新能力和应对风险的弹性能力（彭学兵等，2016）。

二、资源耦合与新企业组织韧性

创业资源耦合是将物理学中耦合的思想延伸至资源管理领域。在创业过程中，人力资源、技术资源、财务资源、数据资源等相互依存、相互影响，新企业通过对不同类型的资源进行筛选、聚类和交互融合以形成全新的资源实体，且这种新资源实体不仅具备原有资源的特性和功能，还能够衍生原有资源不具备的新特性和新功能，进而实现资源的组合优势与协同效应。资源耦合有助于扩大新企业现有资源的使用范围和功能，实现资源利用效果最大化（彭学兵等，2019）。资源管理理论认为，虽然有价值的、稀缺的、难以模仿的和不可替代的资源是保障新企业成功的关键因素，但是有效地管理资源对于新企业应对不确定创业环境和创造竞争优势尤为重要，新企业不仅要关注资源禀赋的丰硕程度，还需要重视不同资源间的耦合与协同，充分发挥资源的内在价值（Sirmon et al., 2007）。资源耦合有助于新企业发展出敏捷的应变能力和创新能力，使其能够在不确定的环境中快速响应挑战，这种动态能力使企业能够利用外部资源，直接影响新企业在危机中的表现，帮助新企业在危机中依然保持竞争力，具备良好资源耦合的新企业能够更有效地采取应对措施，显著降低危机带来的负面影响（Mota et al., 2022）。

学者已经对资源耦合问题形成了初步探索的成果，他们研究表明，企业资源耦合、资源组态、互补性资源协同等有助于企业生存和发展，改善企业绩效和组织韧性（Wu et al., 2023），而资源要素间的错误配置则不利于企业的转型和发展（郑季良和陈白雪，2020）。彭学兵等（2019）研究发现，资源耦合对新企业生存和绩效存在正向影响，通过将组织内的资源进行共享和重新配置能够产生较强的协同效应，提升了组织对资源的整体利用效率，如营销部门和技术部门的资源交融与耦合，促使技术部门的专业知识能够帮助销售部门员工了解新产品、新技术的内在特性，从而能够更好地做市场调查和分析，而营销部门关于顾客需求和竞争对手最新动向的知识能够帮助技术人员及时调整产品研发过程，开发出更能够满足市场需求的产品。因此这两个部门之间的资源耦合促使新企业精准、迅速地推出匹配市场需求的产品/服务，促进新企业的生存与竞争优势构建。郑季良和陈白雪（2020）指出，企业转型升级实质上是对资源要素进行有效的组织并产生协同效应的复杂过程，他们基于组态视角，识别和发现企业资源的有效组态路径和导致低效转型的组态类型及资源错配形式，主要结论有以下三个：①创新能力和融资能力的耦合对科技型企业转型升级最重要；②对规模大、知识技术密集高和供应商集中度高的企业而言，以上两种资源要素与其他资源要素的组态不仅可能产生高效转型结果，也可能因资源错配导致低效转型后果；③科技水平和融资能力都出现较低的组态时，企业转型升级的失败率最高，而供应商集中度和知识技术结构两个方面容易造成资源错配，这种错配在大规模企业尤为明显。

互补性资源是创新成功商业化所需的制造资源、分销渠道、客户关系、售后服务能力等互补性资源，是企业所具备的专用性资源，难以被竞争对手模仿（Teece，2006），在 VUCA 特征显著的创业情境下，互补性资源的特性对于新企业应对创业不确定性具有重要的作用，引起了学者的广泛关注，较多学者关注了不同类型互补性资源之间的协同以及互补性资源与创新资源之间的协同对企业生存和绩效的影响。贾军等（2013）基于中国高科技上市公司 2004～2010 年的面板数据，实证分析了生产制造、市场和人力三种互补资源之间的协同对企业绩效的影响，以及技术关联在两者间的调节作用。实证分析结果表明，生产制造与市场互补资源的协同、生产制造与人力互补资源的协同、人力与市场互补资源的协同、三种互补资源之间的协同都对企业绩效存在显著的积极影响；并且技术关联度在生产制造与市场互补资源间协同与企业绩效间关系中起着显著的消极调节作用，在生产制造与人力互补资源间的协同与企业绩效间的关系以及三种互补资源间的协同与企业绩效间的关系中均起着显著的积极调节作用。陈收等（2015）借鉴资源基础理论的观点，探讨了市场、人力和制造三种互补性资源与创新资源之间的协同作用及其对企业绩效的影响，以及环境动态性在其中的调节作用。他们研究发现，不同类型互补资源与创新资源之间的协同均对企业绩效存在显著的积极影响：例如，企业通过将创新技术与制造互补性资源进行协同与耦合，能够将新开发的技术在短时间内快速转化为实体产品，进而在市场中夺取超前性和领先性，有效地提高企业创新成功概率；而将市场资源与创新资源进行耦合，有助于企业精准预测顾客偏好，建立并维持良好的客户关系，从而将创新性产品快速、高效地传递给顾客，为企业赢得良好的声誉和市场知名度，从而提升企业探索新技术的能力；并且环境动态性越高，互补资源和创新资源的协同与耦合对企业绩效的贡献越大。

随着数字技术的发展和数字经济时代的到来，技术更迭与创新的速度加快，以大数据、云计算、物联网、人工智能、区块链等为代表的数字技术渗透到企业经营管理的各个方面（汤淑琴等，2024）。于立和王建林（2020）研究指出，将数据资源纳入生产函数，不仅自身将会影响到生产函数，而且还会影响到其他资源要素，进而改变既有生产函数的表现形式和作用效果，通过增强要素间的相互作用与耦合，能够重塑企业的资源要素结构，增强资源弹性，实现资源"1+1>2"的效果，进而提升组织效率和绩效产出。新型数据资源与人力资源、技术资源、财务资源、物质资源等传统生产要素间的协同与耦合是资源配置效率优化的体现，通过利用数据资源激活和撬动传统资源要素，实现数据资源与传统资源的深度交融，赋能企业生产、制造等环节效率的提升，实现传统资源要素的数字化。例如，数据资源和财务资源、技术资源的耦合不仅能够实现资本的动态调整，为资金要素创造更多的价值，并且有效地推动了技术要素的市场化配置改革，这种耦合对于数字经济下的新企业组织韧性构建尤为重要（汤桐等，2024）。

第四节　机会识别与新企业组织韧性的关系

创业是一个发现和开发有利可图商业机会的过程，识别和选择恰当的机会是成功创业的关键因素（Shane & Venkataraman，2000）。借鉴 Lumpkin 和 Lichtenstein（2005）、Shane（2000）等的观点，本书研究认为，机会识别是创业者检索和发现新想法，并将其转化为能够创造价值的商业概念的复杂行为。由于"新"和"小"的劣势，新企业的生存和发展较大程度上依赖于商业机会，如果创业者不主动搜索和发现机会，新企业无法生存并取得良好的绩效（张秀娥和徐雪娇，2019）。在复杂的动态环境下，有效的机会识别能够帮助新企业更迅速地甄别可行的、可盈利的商业机会，有利于创业者作出准确的创业决策，为新企业产品开发带来准确性和迅速性等方面优势；同时，能够促使新企业将有限的资源投向更具有价值的机会，避免有限资源的浪费和错配，从而获得较好的绩效表现

（苏世彬等，2023）。

新企业在面临逆境和危机时，需要从外部环境中快速识别出可被利用的商业机会，并迅速采取行动将其进行实现。新企业更强的机会识别能力将能够发现更多新产品/服务、新市场和商业新模式，这将帮助创业者从 VCUA 环境中筛选适合企业自身资源状况的机会，选择最优的资源配置方式和战略投资项目，在面临逆境时能够及时更新企业的产品和业务，进而带来企业敏捷性和弹性的有效提升（吴亮和刘衡，2024）。在经营环境严峻的情境下，企业不仅要认识外部环境的最新变化趋势，同时要明晰如何对环境变化做出及时和恰当的反应，应该准确识别市场中的发展机会和竞争威胁，构建环境适应能力及动态竞争力，从而促进企业在竞争激烈的环境中能够生存（刘洪德，2019）。

机会识别是多维度的特征变量，关于机会识别维度的划分在实证研究中存在不同的观点。苗青（2006）较早从机会识别的内容切入，强调识别过程中的机会内在属性因素，在对先前研究中关于机会识别维度系统梳理的基础上，采用探索性因子分析、验证性因子分析和二阶因子分析等方法，提出了机会识别维度的二阶六因素模型，其中一阶因素包含：新颖性识别、潜在性识别、持续性识别、实践性识别、独立性识别和可取性识别，并进一步将前三个因素归类为机会的盈利性识别，后三个因素归类为机会的可行性识别。盈利性识别是指机会能够带来的盈利规模和能力，反映了机会的客观性特征；可行性识别是指机会实现盈利的把握度和可行性，反映了机会的主观性特征。这种机会识别维度划分方法借助认知心理学的前沿理论思想，基于机会识别的内容视角，从认知加工角度研究机会是如何被创业者识别的，受到较多研究的认可（高小锋和魏凤，2013；鲁喜凤和郭海，2018；张秀娥和徐雪娇，2019；陈海涛，2011）。理解和掌握创业机会的内在属性特征有助于创业者快速、高效地识别和捕捉更多高质量的创业机会。因此，本书研究借鉴苗青（2006）、张秀娥和徐雪娇（2019）等研究的观点，将机会识别划分为可行性识别和盈利性识别，并分别从这两个维度阐述机会识别对新企业组织韧性的影响。

一、盈利性识别与新企业组织韧性

机会的盈利性识别是指创业者对机会能够带来盈利能力及潜在规模的认知与判断，盈利性识别是新颖性识别、潜在值识别和持续性识别三个细分维度的结合体，新颖性识别反映了基于机会开发的产品/服务的新奇性和前卫程度，是不是尚未出现或普及的商业概念，是否能够引领市场等；潜在值识别反映了基于机会开发的产品/服务是否能够带来较大市场收入和利润，体现为大规模的潜在顾客和丰硕的投资回报；持续性识别反映了基于机会开发的产品/服务所产生的利润是否具备一定的时间延续性，具体表现为产品/服务的生命周期和市场吸引力的可持续性（苗青，2006）。创业机会的盈利性特征是创业者基于对宏观环境、行业环境等因素的系统分析得到的判断，反映了机会的客观性特征。当创业者发现盈利性较强的商业机会时，将有助于企业深入挖掘市场信息，并利用现有资源禀赋和能力，规避新技术和新市场开发带来的不确定性风险，从而帮助新企业更加稳定地发展（陈海涛，2011）。

从盈利性识别维度出发，探讨机会识别对新企业生存和组织韧性的影响受到较多学者的关注。新企业通过识别潜在的盈利机会，可以在危机或市场波动中更好地调整资源配置方式，增强其环境适应力和生存能力，来确保在复杂多变的环境中持续创新和成长（Florez-Jimenez，2024）。在动态变化的经营环境下，不断地开发新产品、探索新技术、开拓新市场已成为新企业成功获取领先位置的关键驱动要素，创业者通过不断地提升盈利性机会识别能力以获取新信息和新技术，充分把握市场环境发展方向，并将外部环境变化创造性地转化为企业转型和发展的机会，更迅速、更高效地产生新创意和新构想，从而形成更强的环境适应能力（彭中文等，2018）。

既有研究尤其关注了机会的新颖性属性及其对创业行为和绩效的影响，较多研究发现，机会创新性是盈利性识别的重要体现，当机会的创新性程度越高时，越有利于企业向市场中提供更具有竞争力的产品和服务，特别是在数字经济和VUCA情境下，技术更新速度加快，顾客的消费偏好面临较大的不确定性，通过及时发现新颖性更高的商业机会能够帮助企业应对高度不确定性环境，进而实现生存和快速成长（Duchek，2020）。产品和服务方面的创新程度是反映机会创新的重要方面，新企业通过向市场提供与既有产品或服务差异度较大的产品或服务，新企业能够快速获得市场的青睐，率先在目标市场建立声誉。此外，机会创新性识别还体现在通过机会开发所带来的生产、营销和流程等方面的创新程度。企业通过引进创新性的生产模式和营销手段，降低产品成本、最大化满足市场需求，从而为企业创造更高的效益。尤其是在企业面临逆境和危机时，既有的产品/服务难以满足市场需求时，通过开发创新性的机会能够为新企业创造全新的市场需求，并通过内部流程变革来应对经营环境的变化（鲁喜凤，2017）。吴亮和刘衡（2024）研究指出，开发新颖性高的产品和服务是企业应对市场环境和顾客需求变动，进而提升其市场敏捷性的重要策略，而新产品和新服务的开发依赖创意和概念的早期形成，创新性机会识别对于新技术、新需求的洞察有助于创业者形成最初的商业概念，并进行系统调查和分析，为后续的新产品和新服务研发奠定基础，从而帮助企业加速研发进程，进而及时响应新市场和新顾客的需求，从而提升不确定环境的适应力和敏捷性。

二、可行性识别与新企业组织韧性

机会的可行性识别是指创业者对于机会实现盈利的把握程度和可行性的认知与判断。可行性识别是实践性识别、独立性识别和可取性识别三个细分维度的结合体，其中实践性识别反映了创业者对机会是否具备足够的可操作性方面的辨别，体现了创业者特质、社会网络、个人能力及其他资源禀赋等能否开发机会的情况，例如，是否能够获取融资、可靠的产品研发以及市场渠道的可达性、保持较低的成本等；独立性识别反映了创业者对机会的独占性，竞争者难以轻易模仿或无法抗衡，具体表现为是否具备专利、独特的技术积累和高效的管理团队等；可取性识别反映了创业者的价值观、认知和信念等方面对新产品/服务的可接受程度，具体表现为创业者本身特征与机会的匹配程度，例如，能否承受创业压力、风险和失败等（苗青，2006）。当创业者发现可行性较强的商业机会时，利用自身所具备的关键资源和能力，通过开发新产品、新技术和新市场以深入挖掘商业机会，将有助于新企业在激烈竞争的市场环境中获得先动优势（陈海涛，2011）。通过提前识别外部环境中的威胁和机会，组织能够在应对不可预见的变化时保持敏捷性。这种能力不仅帮助企业在危机中维持正常运作，还能够在逆境中蓬勃发展（Duchek，2020）。

作为创业机会的核心特征，可行性识别重点在于对企业内部环境和经营形式的评估与判断，对企业达成创业目标所必备条件的衡量以及对自身压力和社会规范的认知，即要回答"我能够做什么、我愿意干什么"。机会可行性在很大程度上影响创业者是否进一步采取行动以及创业成功（苗青，2006）。机会可行性识别是衡量企业能否成功开发特定机会的可能性大小，在创业者识别出机会后，需要判断这个机会对于新企业来说是否可行，企业是否具备足够的资源和能力来开发机会，自身是否有能力控制机会开发过程和结果，机会的开发是不是自身理想的职业选择，未来创业产出的预期价值能否弥补选择其他项目的机会成本，以及对创业不确定性和失败的可承受性。通过以上因素的深入评估，当机会的可行性越高时，创业者越可能选择开发机会，从而快速推出新产品和新服务以应对环境的变化（张爱丽，2010）。

由于受到"新"和"小"劣势的影响，新企业普遍面临严重的资源约束困境，因此，在面对不确定环境时，选择恰当的、可行性强的机会尤为重要。较多研究关注了机会盈利性特征对新企业的影响，并提出开发盈利性程度较高的机会更容易获得良好的绩效产出和降低创业失败的概率，然而创业实践中较多开发高盈利性机会但是最终创业失败的案例。新企业由于自身资源禀赋、组织结构、知识管理流程等方面的独特性，在选择商业机会时，不仅需要关注机会能够带来的新颖性、吸引力等，还需要重点从可行性识别维度进一步思考新企业机会识别问题。对于资源非常有限的新企业而言，在面临逆境和危机时，选择可行且有盈利性的机会是其提升危机抵抗力和环境适应力的重要影响因素。高小锋和魏凤（2013）通过283名农民创业者调研发现，创业机会的可行性识别对绩效存在显著的积极影响。张秀娥和徐雪娇（2019）以新企业为研究对象发现，创业者不断地学习和积累创业相关的知识，提高自身对可行性机会进行识别的数量与质量，强化新企业价值提升的潜力，进而推动新企业成长。

第五节　组态视角下创业警觉性、资源整合、机会识别与组织韧性

由以上论述可以看出，尽管创业警觉性、资源整合、机会识别三方面因素对新企业组织韧性均有所贡献，但基于传统对称分析法的分析难以有效探究多重因素之间相互依赖的协同效应（杜运周和贾良定，2017）。Timmons关于创业者/团队、机会和资源的经典创业过程模型已被诸多学者用来理解创业现象，挖掘创业的内在本质，深入揭示新企业创建和发展过程中三种创业要素之间的动态平衡过程。Timmons模型强调，整个创业过程是由创业者/团队、机会和资源三个驱动要素相互匹配和平衡的过程。其中，机会是创业过程的核心，机会识别是创业行为的起点；资源是创业过程的支撑，是机会开发与利用的基础保障，并且在创业过程中机会和资源间必须保持协调与互动状态；作为创业参与主体，创业者在机

会和资源之间的平衡过程中起着调节和匹配作用，并且由于创业活动极具风险和不确定性，三个要素之间较少达到平衡状态，创业者所具备的警觉性、先验知识和能力扮演着重要的决策者角色，其主要任务是在应对不确定环境下协调机会与资源之间的关系，在创业过程中进行有效的管理（葛宝山等，2013）。孙红霞和马鸿佳（2016）以 Timmons 创业模型的观点为基础，对农民创业行为进行案例研究发现，机会、资源及创业者之间的匹配是影响农民创业成功的重要因素。在创业环境所提供的新颖且与众不同的商业契机影响下，农民创业者通过创造性地整合内外部资源以有目的、有组织地寻求和开发商业机会，并进一步对机会转化为创业行动的盈利性与可行性进行系统的评估与确认，从而实现机会、资源和创业者三个核心创业要素之间的适配性和平衡性，最终提升农民创业企业的生存率。

在 VUCA 特征日益显著的时代背景下，新企业在创建和快速发展过程中面临较多威胁和挑战，为了应对变幻莫测的 VUCA 环境，新企业构建组织韧性依然需要解决创业者/团队、机会和资源三个创业要素以及相互间的匹配关系。为了解析新企业组织韧性构建的驱动路径，本书引入 Timmons 创业过程模型，分别从创业者（创业警觉性）、资源（资源整合）以及机会（机会识别）三个要素研究其对新企业组织韧性的组态效应。创业者基于自身的创业警觉性，首先，通过对信息搜索与扫描的过程获取大量的外部信息（YahiaMarzouk & Jin，2023）；其次，在信息搜索与扫描的基础上进行信息的关联与连接，进行创造性思维以及逻辑延展来处理信息（Tang et al.，2012）；最后，对信息进行评估与判断，确保所搜集的信息符合当前形势的需求（Liu & Zhang，2024），进行战略调整，从而在复杂多变的环境中保持韧性。在资源要素上，创业者主要基于自身企业所拥有的相同类型资源与不同类型资源进行整合，持续调整资源整合战略，即分别进行资源内聚和资源耦合，打破自身资源短缺的壁垒。在机会要素上，创业者可以通过可行性识别和盈利性识别来提前预测、动态调整和资源优化，从而显著提升组织的适应能力和应对危机的韧性，即通过可行性识别提前识别外部环境中的威胁和机会，通过盈利性识别潜在的盈利机会，使企业在危机或市场波动中更好地调整资源配置，增强适应力和生存能力（Florez-Jimenez，2024）。

新企业组织韧性构建是一个复杂的战略管理问题，需要综合考虑创业者/团队、机会和资源等因素的匹配才能有效分析新企业组织韧性的复杂构建路径。以上分析发现，创业警觉性、资源整合和机会识别都是影响新企业组织韧性的重要因素。但是既有研究大多数集中于单一要素，仅有少部分关注了两个要素的效果，其中以机会与资源间的互动是学者关注的重点，然而极少实证研究系统探讨创业者、资源和机会三个要素对组织韧性的复杂协同作用。同时在研究方法方面，现有实证研究多数采用传统的回归分析、结构方程模型等统计分析方法探究单个创业要素对新企业影响的净效应，难以揭示多个要素之间的协同与互动效应。基于此，本书研究从组态视角出发，综合采用模糊集定性比较分析法（fsQ-CA）和必要条件分析法（NCA），探讨创业警觉性、资源整合与机会识别三个要素如何协同和互动以提升新企业组织韧性，揭示多个前因条件之间的协同组态对新企业组织韧性的复杂作用机制，挖掘提升新企业组织韧性构建的多元路径，具体理论研究框架如图 3-1 所示。

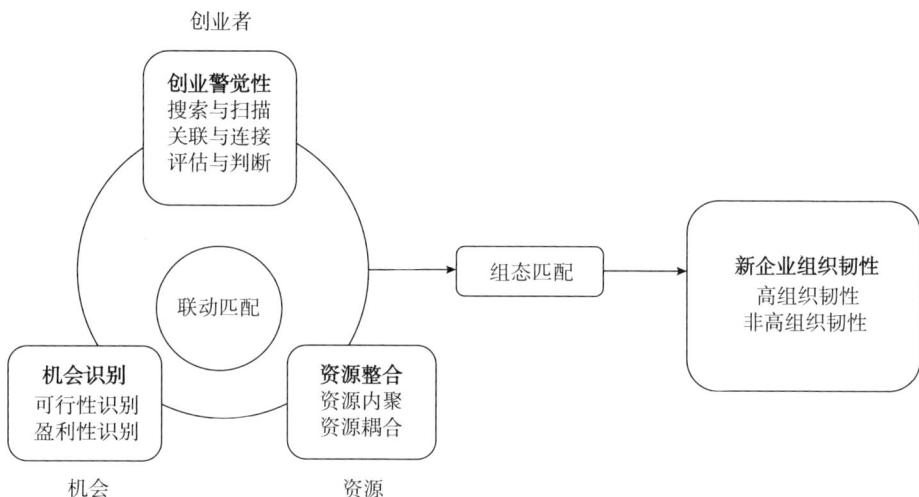

图 3-1　理论研究框架

资料来源：笔者根据本书研究内容绘制。

第六节　本章小结

本章的重点是对本书研究的核心理论基础及变量间的关系进行理论梳理，并根据已有理论研究的现状和存在的不足，基于 Timmons 创业过程模型的理论观点，从组态视角构建本书的理论研究框架。首先，从理论的形成、发展及主要内容等方面，对 Timmons 创业过程模型理论和资源基础理论的相关内容进行系统梳理，为研究模型构建提供理论基础。其次，本章重点探讨了创业警觉性、资源整合、机会识别三个前因条件对新企业组织韧性的影响，其中创业警觉性划分为搜索和扫描、关联和连接、评估和判断，并分别探讨三个维度对新企业组织韧性的不同影响，并从资源耦合与资源内聚两个方面探讨资源整合对新企业组织韧性的影响，将机会识别划分为可行性识别和盈利性识别，并分别从这两个维度阐述机会识别对新企业组织韧性的影响。最后，基于已有研究不足，在 Timmons 创业过程模型基础上，从组态研究视角，系统地探析创业警觉性、资源整合、机会识别三要素对新企业组织韧性的协同影响效应，深入揭示新企业韧性的驱动路径。

第四章 研究设计

第一节 问卷设计

问卷调查方法以其灵活性、实施成本低、数据获取便捷等诸多优点，成为管理学定量研究中最普遍的数据收集方法。问卷调查法具备以下五方面特征：①研究者可以根据研究问题灵活地进行问卷设计，进而获得满足研究问题需要的原始数据；②如果实施过程规范且得当，问卷调查法是最为快速且有效的数据搜集方法；③如果调查问卷的量表可信度和效度高，数据样本足够大，研究者可以用问卷法收集到高质量的研究数据；④问卷调查对被访者的干扰比较小，被访者进行匿名处理，比较容易得到被访者的支持，可行性较大；⑤相对于案例研究、实验研究等方法，问卷调查法的时间、人力和金钱等成本相对更低，是定量研究中较为经济的数据收集方式，能够快速获取信息（陈晓萍和沈伟，2018）。

需要强调的是，任何研究方法都存在局限性，问卷调查法也存在以下六个缺点：①变量的各测量题目可能无法客观或难以准确地反映研究变量的真实含义；②在设计问卷时，研究者会不自觉地使用自己熟悉的专业术语，或一些不够准确的表述造成了被调查者产生理解偏差，降低了数据的有效性；③由于问卷调查法中，多数情况下自变量、因变量及其他相关变量的数据由一位被访者填写，这导致收集的数据容易产生共同方法偏差，这种系统偏差对研究结果和结论存在潜在的误导；④问卷调查中的数据源自被访者个人的态度和判断，这种主观性较强的回答促使数据的准确性受到影响（陈娟艺，2019）；⑤被访者必须具备一定水平的读写能力，问题回答的概率难以保证，且问卷的措辞对被访者的答案存在较大的影响，无法确保答题的环境与质量，且难以获得非常深入和详细的信息与资料；⑥无论研究者在研究设计过程中努力做到客观，但是在问卷设计、数据收集、样本框设计等方面依然受到自身认知和价值观的影响，进而导致最终收集的数据存在偏差（路锦怡等，2024）。

问卷是指为统计和调查所用的、以设问的方式表述问题的表格，是问卷调查法中的重要中介物。问卷本身质量的好坏直接影响了整个理论研究的可信度和有效性，因此，科学的问卷设计过程在问卷调查法中占据非常重要的地位（陈晓萍等，2008）。预想通过问卷调查法获取高质量、有效的数据，科学的问卷设计是至关重要的。在问卷设计过程中需要遵守以下三个规则：

（1）合理性。调查问卷的设计需要与研究主题和框架紧密相关，符合研究目的和要求。如果违背合理性原则，那么再精美的调查问卷和缜密的数据收集过程都对研究是无益的。

（2）明确性。由于问卷调查法是通过被访者回答问题以获取研究所需数据，因此问卷的内容和措辞应该保持简单、清晰且易于被访者理解，问卷的题项避免使用具有双重意义和诱导性的问题，使被访者在进行答题时不会存在困难；在确定变量的测量题目时，无论研究者持有什么价值观念，都必须保持客观与中立，应该避免将自身的价值取向和观点带入测量问题中以求得答题者的呼应，从而最大限度地减少被访者的偏见和测量偏差。

（3）便于分析和整理。设计调查问卷时还需考虑数据收集后的整理与分析问题，被访者所提供的回答应该是可量化、可编码的，进而保证后续实证分析的可行性（汤淑琴等，2015）。并且问卷中包括封闭式问题和开放式问题，其中封闭式问题更容易、更迅速回答，也更有益于研究者后续进行编码和分析，而开放式问题允许被访者自由地进行答题，虽然有益于发现和获得更深入的观点和见解，但是后续难以进行统计分析。因此研究者在进行问卷设计时，尽可能采用标准化程度高的封闭性问题来测量被访者的态度和行为（路锦怡等，2024）。

为避免问卷调查法的局限性，本书研究在进行问卷设计过程要遵守以上基本规则，同时为了确保所收集数据的质量和有效性，本书研究主要进行以下六个步骤：

（1）明确研究内容。设计调查问卷的前提是要清楚希望通过调查解决什么理论问题，确定调查的对象、范围和重点，包括调查问卷中涉及的变量以及变量之间的关系。

（2）检索和筛选变量的测量量表。通过梳理国内外研究，系统梳理相关变量的量表，并且根据量表的来源期刊、引用率、研究对象和研究背景等因素，筛选与本书内容相似度最高、可信度和有效性较高的量表。因为借鉴发表于高质量期刊且引用率高的量表，能够更准确反映变量所要表达的含义，能够有效保障所收集数据的准确性和可靠度。

（3）翻译和回译量表。为了确保英文量表翻译的准确性和质量，本书研究采用多轮翻译与回译方法，减少量表翻译过程中的主观偏差，提高最终翻译后中文量表的准确性。具体做法是：首先，由两位精通英语和汉语、熟悉创业相关领域研究的研究生分别独立地将源英文量表翻译成中文；其次，这两位翻译者对中文量表进行讨论以形成达成共识的中文量表；最后，再请另外一位英语功底好、对源英文量表内容不了解的研究生将翻译后的中文量表再回译成英文，通过仔细对比原量表和回译量表之间的差异，进一步修改中文版本量表的内容和语言表达形式。经过反复多次翻译与回译，直到翻译的量表与原文之间差异基本消除为止。此外，为了提高量表的可读性，确保被访者能够理解量表的内涵，在翻译过程中综合采用直译和意译两种方式：一方面尽可能按照原量表的语法和词汇逐字翻译，从而保持原文的内容和形式；另一方面根据中国的语言习惯和文化习俗调整词汇及其组合方式，进而确保翻译后的中文量表更容易被调查对象理解，从而提高量表的有效性和准确性。

（4）设计调查问卷。在变量的测量量表确定后，需要设计合理的调查问卷结构，并提供详细的问卷使用说明。调查问卷的主要结构包含标题、受访者基本情况和调研的主要内容（汤淑琴等，2015）。调查问卷的标题部分主要阐述调研目的、内容、具体要求和调研者身份及联系方式和对被访者的感谢，并且为了确保被访者能够接受和认真地填写调查问卷，会强调本次调研的学术用途，并且承诺对被访者的信息保密。受访者基本情况主要包含调研对象及其所在企业的基本信息，涵盖企业名称、注册时间、注册资本、员工人数、行业信息、营业地址等方面的信息。受访者基本情况的信息是非常重要的，这部分数据一方面涉及实证研究的控制变量，另一方面可用于信息回溯，从而对出现问题的数据进行修订。调研的主要内容主要涉及相关变量的情况，是调查问卷的核心内容，包括创业警觉性、资源整合、机会识别和新企业组织韧性等变量的测量题项。在设计调查问卷过程中，问卷中的题项顺序也是需要关注的问题，一般而言，前面的问题是后续问题的基础和背景，一般性问题应该在具体研究之前，因为具体问题已经被证明会影响被访者对前面一般性问题的回答（路锦怡等，2024）。

（5）预调研。预调研是保证数据可信度和有效性的重要手段，因为无论研究者在问卷设计时多科学、多仔细，由于受到主观因素的影响，设计的问卷依然可能存在一定的错误，而预调研可以提前发现误导性问题、不恰当的表达等方面的问题，有效地提高调查的效率和质量。因此，在进行正式大规模发放调研问卷之前，选取 20 家新企业进行预调研，并与被访者进行深度交流，被访者报告自身回答问卷时遇到的问题和各种想法。然后根据预调研的结果对调查问卷中的语句、结构和表达方式进行修改和完善，进而提升大样本调研数据的质量。此外，通过预调研所获取的数据进行信度和效度分析，能够在正式调研之前初步了解调查问卷能否真正满足本书的需要，同时在半结构访谈过程中能够获取与新企业实际运营情况有关的信息，为后续大样本调研奠定基础。

（6）正式调研。通过实地调研、在线调研平台、电子邮件等途径发放和回收调查问卷，并对收集的问卷进行清洗和录入。在开展正式大样本调研之前，课题组对参与正式调研的成员进行系统的专业训练，保证参与调研的人员能够明确调研目的和流程，同时能够准确把握调查问卷的内容，减少数据收集过程中产生歧义的可能性。

第二节　数据收集与样本特征

一、数据收集

本书研究采用问卷调查法收集数据，数据的收集时间为 2024 年 11～12 月，调研的样本取自广东、四川等地区。调查问卷法实施过程中，样本的选取方式是研究者需要考虑的重要因素，不恰当的样本抽取方法会影响研究结果的准确性，导致研究结论的普适性不够，甚至得出错误的统计分析结论（陈晓萍和沈伟，2018）。借鉴已有研究的普遍做法，本次调研采取随机抽样的方式发放调查问卷，即按随机原则，从广东、四川等地的总体企业中随机抽取相应数量的企业作为研究样本进行调查，以其数据分析结果推断总体有关变量关系的一种抽样方法（陈晓萍等，2008）。

首先，调研组成员采取多种方式发放调查问卷，其中主要方式是调研组成员前往调研地区的新企业聚集区进行登门拜访，对调研地区的企业进行随机发放调查问卷，通过现场填写问卷的方式获取数据。虽然这种途径时间和经济成本较高，但是所获取的数据质量最高。其次，依靠课题组成员在调研地区与科技园、孵化器、开发区等的合作关系以及借助自身的个人网络关系获取调查问卷，这个过程中不仅通过现场填写、及时回收的手段，还通过调研家这一专业在线问卷调研平台获取问卷。为了保证数据的可信度，本次调研的核心对象是对新企业经营和管理更为了解的创业者或高管团队成员。本书研究设计的变量大多是企业层面的经营情况，为了避免员工个体对企业整体运营情况的认知出现偏差，提高数据的有效性，本调研的被访对象是新企业的创业者或者高管团队成员，或是工作时间在三年以上且对企业整体情况了解比较深的中层管理人员。本书研究借鉴Zahra（1999）等学者的观点，将成立时间在8年以内的企业界定为新企业，并以此作为数据筛选、整理及删除无效问卷的标准之一。按照样本框的设计，本次调研在广东、四川等地区总共发放问卷共计450份，总共回收调查问卷350份，剔除成立时间8年以上的和信息缺失高于30%的样本后，最终获得有效问卷263份，有效回收率为58.4%。

二、样本特征

接下来对本书研究收集的263个新企业样本特征进行了详细分析，具体样本基本特征见表4-1。在被访者的职位特征方面，创业者和总经理的样本是169个，占比64.3%，中层及以上管理人员的样本是94个，占比35.7%；在企业产权类型特征方面，私营企业样本占据了绝对主导地位，数量达到191个，占比72.6%。这表明私营企业在新企业样本中占据了主要份额，目前新企业以私营企业为主，国家/集体所有制企业有33个，占比12.5%，虽然数量不及私营企业，但仍然占据了一定的比例，合资企业和外资企业的数量分别为19个和14个，分别为7.2%和5.3%，表明新企业中外资和合资企业相对较少，股份制企业的数量最少，仅有6个，占比2.2%，说明新企业中股份制企业占比较低。在企业年龄特征方面，本书研究的样本在各年龄段的分布相对比较均匀，企业创建年限为1~3年的样本是53个，占比20.1%，为4~6年的样本是109个，占比41.4%，为7~8年的样本是101个，占比38.5%。在企业员工数量特征方面，新企业中的企业规模呈现出多样化的特点。员工数量在 21~50 人和 51~200 人的企业样本最多，分别为 76 个和 80 个，占比分别为 28.8% 和 30.4%。这表明新企业中以中小型企业为主，员工规模在 21~200 人的企业占据了较大比例。员工数量在 1~20 人的小微企业样本有 21 个，占比 7.9%，虽然数量不多，但表明小微企业在新企业中占有一定比例。员工数量在 201~500 人的企业样本有 56 个，占比 21.2%，表明部分新企业已经具备了一定的规模。员工数量在 501~1000 人的企业样本有 23 家，占比 8.7%，而员工数量超过 1000 人的大型企业样本仅有 7 个，占比 2.6%，说明新企业中大规模企业较为稀少。

表 4-1　样本基本特征（N=263）

样本特征	分类	数量（个）	占比（%）
被访者的职位	创业者/总经理	169	64.3
	中层及以上管理人员	94	35.7
企业产权类型	国家/集体所有制	33	12.6
	合资企业	19	7.2
	私营企业	191	72.6
	外资企业	14	5.3
	股份制企业	6	2.3
企业年龄	1~3	53	20.1
	4~6	109	41.4
	7~8	101	38.5
企业员工数量	1~20 人	21	8
	21~50 人	76	28.9
	51~200 人	80	30.4
	201~500 人	56	21.3
	501~1000 人	23	8.7
	1000 人以上	7	2.7

资料来源：笔者根据数据分析结果绘制。

综上所述，新企业样本特征主要表现为以私营企业为主，且大多数企业的员工规模在 21~200 人，以中小型企业为主。

第三节　变量测度与校准

一、变量度量

本书研究对创业警觉性、资源整合、机会识别和新企业组织韧性等变量均采用里克特（Likert）五级打分法进行度量，由调研对象根据自身企业的实际情况进行评价。为了确保测量量表的信度及效度，本书研究的变量测量均采用国内外使用较为成熟的量表，并对外文量表进行多轮翻译与回译，尽量保证原量表的含义。同时根据预调研的分析结果和与受访者的半结构访谈，进一步修改和完善量表的语言表达和结构，从而形成最终的测量量表。各变量的具体测量情况如下。

（一）创业警觉性（EA）

创业警觉性反映了创业者的信息搜索和转化的能力，这种能力能够促使创业者敏锐地感知外部环境的变化和不断寻求新商机，对新企业生存和长远发展具有重要的影响（Kirzner，1979）。Tang 等（2012）基于信息加工理论，提出创业警觉性包含搜索和扫描、关联和连接、评估和判断三个维度，并开发了包含 13 个题项的测量量表。随后，Boso 等（2019）对 Tang 等（2012）开发的量表进行检验，根据数据分析结果将 13 个题项缩减至 12 个，并且证明该量表具有良好的信度和效度。张秀娥和王超（2019）验证了该量表在中国情境下的适用性。因此，本书研究借鉴 Tang 等（2012）、Boso（2019）等研究，将创业警觉性划分为三个维度：搜索与扫描（SS）、关联与连接（AC）、评估与判断（EJ），采用 12 个题项对创业警觉性进行测量，其中信息扫描与搜索 4 个题项，信息关联与连接 4 个题项，信息评估与判断 4 个题项，包括"定期阅读新闻、杂志或贸易出版物以获取新信息"等，最终的测量指标如表 4-2 所示。

（二）资源整合（RI）

资源整合是组织将所获取的资源进行配置以形成和改变能力的过程。通过有效资源整合形成异质性产品或服务是新企业完成机会开发的基础，也是其应对 VUCA 环境的重要手段（Sirmon et al.，2007；蔡莉和尹苗苗，2009）。借鉴彭学兵等（2016）的观点，本书研究将资源整合划分为资源内聚（RS）和资源耦合（RP）

表 4-2 创业警觉性的最终测量

变量		题项（采用 Likert 五点计分法）
创业警觉性（EA）	搜索与扫描（SS）	SS1 定期阅读新闻、杂志或贸易出版物以获取新信息
		SS2 每天都会上网并获取新信息
		SS3 经常与其他人互动以获取新信息
		SS4 在寻找信息时，始终密切关注新的商业创意
	关联与连接（AC）	AC1 经常把不同的信息联系起来，发现它们之间新的或者刚出现的关系
		AC2 能发现看似无关的信息之间的联系
		AC3 能经常发现以前没有关联的信息系统之间的联系
		AC4 擅长发现不同信息之间的"关联点"
	评估与判断（EJ）	EJ1 对潜在的机会有敏锐的直觉
		EJ2 可以区分有利可图的机会和无利可图的机会
		EJ3 在面对多个机会时，我可以选择更好的机会
		EJ4 能判断出什么样的机会是有很高经济价值的机会

资料来源：笔者根据 Tang（2012）、Boso（2019）等研究整理所得。

两个维度，其中资源内聚是指相同类型资源的整合，资源耦合是指不同类型资源的整合，采用 10 个题项对资源整合进行测量，其中资源内聚 4 个题项、资源耦合 4 个题项，包括"对相同类型资源的整合促进了公司人才的专业化水平"等，最终的测量指标如表 4-3 所示。

表 4-3 资源整合的最终测量

变量		题项（采用 Likert 五点计分法）
资源整合（RI）	资源内聚（RS）	RS1 对相同类型资源的整合促进了公司人才的专业化水平
		RS2 利用相同类型的资源整合促进了本部门任务的完成
		RS3 对相同类型资源的整合提升了企业的整体效率和效能
		RS4 对创业者个体资源的整合提升了企业人力资源水平
	资源耦合（RP）	RP1 对不同类型资源的整合促进了公司复合型人才的发展
		RP2 对不同类型资源的整合促进了跨部门合作开展工作
		RP3 企业有将无形资源与有形资源整合起来发挥作用的经验
		RP4 对不同类型资源的整合促进了跨部门工作交流与沟通

资料来源：笔者根据彭学兵等（2016）研究整理所得。

（三）机会识别（OI）

机会识别是创业者不断搜索和发现新想法，并将其转化为能够创造商业价值的概念的行为（Lumpkin & Lichtenstein，2005）。对于新企业而言，识别出可行且有价值的商业机会有助于具有先动优势，进而实现生存和长远发展（郭韬等，2021）。本书研究借鉴苗青（2006）、张秀娥和徐雪娇（2019）的观点，将机会识别划分为可行性识别（FI）和盈利性识别（PI），采用 5 个题项（其中可行性识别 3 个题项、盈利性识别 2 个题项）对机会识别进行测量，包括"我们识别的商业机会具有较强的可操作性"，最终的测量指标如表 4-4 所示。

表 4-4 机会识别整合的最终测量

变量		题项（采用 Likert 五点计分法）
机会识别（OI）	可行性识别（FI）	FI1 企业识别的机会可操作性很强
		FI2 企业识别的机会具有独特性，产品/服务不易被模仿
		FI3 企业识别的机会在市场上具有较强的竞争优势
	盈利性识别（PI）	PI1 企业识别的机会带来的产品/服务能够为企业带来较高的收益和回报
		PI2 企业识别的机会带来的产品/服务能够持续为企业带来利润

资料来源：笔者根据苗青（2006）、张秀娥和徐雪娇（2019）研究整理所得。

（四）新企业组织韧性（NOR）

组织韧性是一个情境化的概念（Ma et al.，2018），选取适用于中国情境下新企业特征的组织韧性测量工具对于数据分析结果的可信度是至关重要的。张秀娥和滕欣宇（2021）综合采用文献分析法与半结构访谈相结合的质性研究方法，提炼了组织韧性的内涵，并开发了具备较高信度与效度的测量量表，该量表是根植于中国情境背景，且不受行业的限制。因此，本书研究借鉴张秀娥和滕欣宇（2021）开发的量表，采用 11 个题项对组织韧性进行测量，包括"我们的组织在危机发生时表现出坚定的接受态度"等，最终的测量指标如表 4-5 所示。

表 4-5 资源整合的最终测量

变量	题项（采用 Likert 五点计分法）
组织韧性（NOR）	NOR1 企业主动监控其行业中正在发生的情况，以便对新出现的问题做出预警
	NOR2 企业员工知道组织会多快受到意外和潜在负面事件的影响

变量	题项（采用 Likert 五点计分法）
组织韧性（NOR）	NOR3 企业已经准备好应对紧急情况，并准备好利用不可预见的机会
	NOR4 企业不仅能识别环境变化和即将到来的危机，还关注未来潜在的危机
	NOR5 企业意识到各部门的运作效果是相互影响的
	NOR6 企业了解成功运营所需的最低资源水平
	NOR7 企业能随时调配相关人员来弥补关键员工的空缺
	NOR8 企业能够成功地从项目中吸取教训，并确保这些教训被贯彻到未来项目中
	NOR9 企业能够迅速从一切照旧的模式转变为危机应对模式
	NOR10 企业在危机发生时能快速获得应对意外事件所需的资源
	NOR11 企业在危机发生时具有随机应变和创造性解决问题的能力

资料来源：笔者根据张秀娥和滕欣宇（2021）研究整理所得。

二、变量校准

模糊集定性比较分析法（fsQCA）是一种结合集合论形成的方法。对于任何集合论方法，分配集合隶属度分数都是至关重要的。利用案例的经验证据为它们分配集隶属度的过程称为"校准"。校准工作需要：（a）界定相关案例的数量；（b）定义在分析中使用的所有术语（包括条件和结果）；（c）确定隶属度与非隶属度的最大模糊点（模糊集中的交叉点和清晰集中的阈值设置）；（d）确定完全隶属（1）和完全不隶属（0）的数值；（e）确定定性锚点之间的各级隶属程度。在进行校准之前，这需要大量的调查分析，并对一手数据和二手数据进行非常仔细的分析。因此，访谈、问卷调查、专题小组讨论获得的数据，以及定量和定性内容分析等，都可以为校准过程提供有用的信息。

变量校准的方法目前主要分为使用定距尺度进行直接校准以及 Ragin（2019）提出的"直接"或"间接"校准法。

第一，采用定距尺度进行直接校准。校准通常使用非定量数据。例如，如果我们想校准一组"富裕国家"，那么人均 GDP 可能成为其中一个测量指标。在校准清晰集时，就可以简单地使用算术平均值或中值，并将大于平均值或中值的案例定义为"隶属"，其他案例定义为"不隶属"。当校准模糊集时，可以简单地将人均 GDP 尺度转换为 0~1，同时保持每个案例之间的相对距离（最简单的方法是将每个国家的 GDP 除以样本中最高国家的 GDP 值，得到一个比例）。然而，这种纯粹由数据驱动的校准策略存在根本上的缺陷。像平均值或中位数这样的测量方法是现有数据的属性，没有任何实质性意义。

第二，采用 Ragin（2019）的"直接"或"间接"校准法。Ragin 和 Strand（2008）提出了所谓的"直接"和"间接"校准方法。两者都只适用于模糊集，而不适用于清晰集。与之前的校准例子不同，这两种技术更形式化，部分依赖于统计模型。直接校准法使用三个重要的定性锚点来进行结构化校准：完全隶属阈值（1）、完全不隶属阈值（0）以及交叉点（0.5）。这些定性锚点的位置是由研究人员使用现有数据之外的标准建立的。相比之下，"间接法"要求将案例初始分组为集合隶属分数。研究人员必须指出哪些案例可以被粗略分类，比如在集合中的隶属分数为 0.8、0.6、0.4、0.2，以此类推。使用分段对数模型得到这些初步集合分数，而后对原始数据进行回归。

第三，将该模型的预测值作为模糊集隶属度得分。常用的间接校准标准包括：完全隶属点（95%分位数）、交叉点（50%分位数）以及完全不隶属点（5%分位数）；完全隶属点（75%分位数）、交叉点（50%分位数）以及完全不隶属点（25%分位数）。

为后续进行数据校准做准备，各条件和结果变量的最终得分取问卷变量对应各题项的平均值。本书参照 Ragin（2019）的观点，基于 fsQCA 方法对研究数据的基本要求，采用直接校准法将样本数据的 75%分位数、50%分位数以及 25%分位数作为 3 个锚点，将数据校准为模糊集以便后续的数据分析。各条件和结果变量的校准锚点见表 4-6。

表 4-6　各前因条件和结果变量的校准锚点

前因条件和结果	模糊集校准		
	完全隶属点	交叉点	完全不隶属点
搜索与扫描	4.6	4.4	4
关联与连接	4.5	4.25	4
评估与判断	4.6	4.4	4
资源内聚	4.6	4.4	4
资源耦合	4.6	4.4	4
可行性机会识别	4.5	4.25	4

前因条件和结果	模糊集校准		
	完全隶属点	交叉点	完全不隶属点
盈利性机会识别	4.67	4.33	4
新企业组织韧性	4.6	4.4	4

资料来源：笔者根据 fsQCA 4.1 的数据处理结果绘制。

第四节　数据同源偏差检验

在进行实证研究时，变量之间的统计学相关性容易受到变量的度量方法和数据收集方式的影响，其中数据同源偏差对实证研究的结论存在较大的影响。数据同源偏差是指由于同样的数据来源或答题者、同样的项目语境和测量环境所造成的变量之间的虚假共变性。答题者在问答调查问卷的一系列问题时，他们会根据自身对变量之间关系的认知，倾向于做出一致回答，这种偏差人为地膨胀或减弱变量之间的相关性，变量间即使没有理论关系统计分析也会呈现相关性，是源于测量方法而不是所测变量造成的系统性误差，对变量测量的效度和数据分析结果存在较大影响，甚至得出错误的研究结论（苏中兴和段佳利，2015）。目前较多实证研究采用主观测量数据，且自变量、中介变量、因变量等都是由同一个被访者回答，这种数据收集方法将会导致变量之间的相关关系被夸大甚至出现虚假相关，从而降低实证分析结论的可信度，因为被访者在填写问卷时会依赖于既有的知识和认知框架，进而造成其对问卷内容的认知、理解和评估时存在偏差，即变量之间的相关关系除了来源于两者间的真正相关关系外，还可能是因为被访者的误解带来的（Spector，2006）。

随着多元变量统计分析技术的完善和数据同源偏差问题在论文评审中关注点的增加，研究者采用程序控制和统计控制等手段加以应对，数据同源偏差的检测成为问卷调查法进行实证研究的基础。程序控制是指研究者在进行研究设计与测量量表设计时采取相应的控制措施，例如，从不同来源、通过不同途径收集变量的数据，针对不同的变量分配不同的答题者，对数据收集过程进行时间、空间、心理等方面的分离，保护被访者的匿名性处理，减少对测量题目的猜测度，平衡问卷中各变量的顺序，程序控制是研究者首先要考虑的，这能够很大程度减少数据同源偏差带来的负面影响（周浩和龙立荣，2004）。然而在某些研究情境下，受研究条件和资源的限制，上述程序性控制方法难以完全实施，或无法完全消除数据同源偏差。

随着统计软件和方法的成熟，学者们在实证研究中采用统计方法来检验和控制数据同源偏差，例如，Harman 的单因子检验法、偏相关法、工具变量法和潜在变量计数法等，这些统计方法称为数据同源偏差的事后补救手段（苏中兴和段佳利，2015）。Harman 单因子检测法是简单易用且常用的检验数据同源偏差的方法。这种方法的基本假设是如果收集的数据中同源偏差大量存在，进行因子分析时，要么得到单独因子，要么得到一个能够解释变量大部分变量的公因子，具体的处理方法是将调查问卷的所有题目进行探索性因子分析，检验未旋转情境下的因子分析结果，进而确定解释变量间变异的必须是最少因子数，如果只得到一个因子或者某个因子对变量变异的解释力非常大，即在未旋转时得到第一主成分因子解释的变异越多，则说明存在越严重的数据同源偏差（周浩和龙立荣，2004；汤丹丹和温忠麟，2020）。Podsakoff 和 Organ（1986）认为，如果未旋转得到的主成分因子解释变异不超过 50%，那么数据同源偏差不严重。数据分析结果表明，最大主成分因子的变异解释率为 28.60%，小于 50%，因此本书研究的数据同源不严重。

第五节　效度和信度检验

一、效度检验

效度是测量的有效程度，反映了测量工具能够反映所需研究内容的接近程度，如果测量结果与试图测量的研究内容越吻合，那么证明该测量工具的效度越高，反之则效度越低（陈晓萍等，2008）。就调查问卷而言，效度是指问卷多大程度上能够反映所检测变量的概念和内涵，反映了调查问卷设计中由于测量了与研究内容无关的变量所引起的系统性误差，有效度是调查问卷法是否可用的首要条件（汤淑琴等，2015）。依据问卷调查法的研究目的，效度可分为内容效度、效标关联效度和架构效度三类：①内容效度反映了调查问卷的测量手段是否能够反映切合研究内容的程度，旨在系统地分析测量内容的恰当性；②效标关联效度反映了问卷的测量结果和有效度标准（被假设或定义为有效的某种外在标准）之间的一致性程度；③架构效度反映了调查问卷在多大程度上能衡量到理论方面所期望的特征，即调查问卷所要测量的概念能够呈现出科学意义并且符合理论设想，也被称为理论效度（曾五一和黄炳艺，2005）。

在问卷调查法中，因子分析是常用的检验调查问卷效度的统计方法，其核心目的是检查测量同一变量的不同测量题项是否如理论假设那样集中于同一个公因子中。基本做法是，分析所有测量题项之间的关联程度，并将高度相关的测度题项聚集在一起，从而区分不同因子的过程。计算因子载荷（Factor loading）是因子分析的重要方法之一，因子载荷值的取值范围为-1.0~1.0，因子载荷值的绝对值越大，则表明其与理论概念的关系越密切，越能反映测量工具与变量存在关系（陈娟艺，2019）。因此，本书研究采用 SPSS 16.0 检验因子载荷对调查问卷进行效度分析。

在进行因子分析之前，本书首先进行 KMO 检验和 Bartlett 球形检验，以判断研究变量是否适合做因子分析。KMO（Kaiser-Meyer-Olkin）是用于比较变量之间简单相关性系数和偏相关性系数的统计量，常应用于因子分析，以判断测量变量是否适合进行后续因子分析，取值范围在 0~1。KMO 值越接近 1，意味着测量变量之间的相关性越强，越适合作因子分析，当 KMO 值越接近 0 时，则意味着测量变量之间的相关性越弱，越不适合作因子分析；当 KMO 值在 0.7 以上时因子分析效果比较好；当 KMO 值在 0.5 以下时，不再适合进行因子分析法（陈晓萍等，2008）。Bartlett 球形检验是以测量变量之间的相关系数矩阵为出发点，然后根据相关系数矩阵的行列式计算 Bartlett 球形检验统计量，如果该统计值较大，且其对应的相伴概率值小于特定的显著性水平，那么认为变量之间的相关系数不可能是单位阵，即原始测量变量之间存在相关关系，适合作因子分析，相反不适合作因子分析（陈晓萍和沈伟，2018）。基于 SPSS 的数据检验结果显示，创业警觉性、资源整合、机会识别以及新企业组织韧性的 KMO 值分别为 0.737、0.721、0.632 和 0.808，且 Bartlett 球形检验结果均显著，p 值均小于 0.05，因此，本书研究的变量适合采用因子分析以检测调查问卷的效度。因子分析检验结果显示，各变量题项的因子载荷系数均大于 0.65，说明本书研究具有较高的效度，因子分析具体结果如表 4-7 所示。

表 4-7　各变量因子载荷系数统计

题项	描述性统计		因子载荷	题项	描述性统计		因子载荷
	均值	标准差			均值	标准差	
搜索与扫描				可行性识别			
SS1	4.16	0.628	0.706	FI1	4.25	0.616	0.603
SS2	4.37	0.759	0.735	FI2	4.09	0.769	0.576
SS3	4.22	0.564	0.526	FI3	4.30	0.662	0.588
SS4	4.48	0.598	0.662	盈利性识别			
关联与连接				PI1	4.27	0.741	0.626
AC1	4.17	0.636	0.502	PI2	4.31	0.613	0.574
AC2	4.20	0.683	0.617	组织韧性			
AC3	4.22	0.706	0.555	NOR1	4.25	0.633	0.560
AC4	4.27	0.611	0.539	NOR2	4.09	0.761	0.549
评估与判断				NOR3	4.04	0.594	0.584
EJ1	4.30	0.595	0.573	NOR4	4.16	0.698	0.502
EJ2	4.15	0.746	0.568	NOR5	4.30	0.680	0.543
EJ3	4.26	0.613	0.502	NOR6	4.13	0.681	0.580
EJ4	4.34	0.639	0.509	NOR7	4.34	0.615	0.643
资源内聚				NOR8	4.27	0.628	0.583
RS1	4.24	0.610	0.569	NOR9	4.12	0.750	0.639
RS2	4.16	0.778	0.649	NOR10	4.21	0.645	0.579
RS3	4.22	0.669	0.562	NOR11	4.20	0.689	0.674
RS4	4.33	0.649	0.518				
资源耦合							
RP1	4.24	0.661	0.549				
RP2	4.26	0.701	0.521				
RP3	4.19	0.674	0.501				
RP4	4.35	0.653	0.567				

资料来源：笔者根据 SPSS 16.0 的效度分析结果绘制。

二、信度检验

信度检验在问卷调查法中具有十分广泛的应用，做好调查问卷后，为了进一步探讨调查问卷的可靠性，需要进行信度检验（Reliability Analysis）。信度是指调查问卷结果所具备的一致性或稳定性程度，用以判断调查问卷是否能够真实地反映受访者的态度。其中，一致性是指同一调查项目调查结果的一致程度，较高一致性意味着同一群被访者接受关于同一调查项目的各种调查问卷时，所得到的测量结果之间呈现出较强的正相关关系；稳定性是指在不同时间，相同一批被访者重复测量所得数据分析结果的相关性程度，假如一群被访者在不同时间和空间下接受同样的调查时，数据分析结果的差异很小，说明调查问卷具备较高的稳定性（曾五一和黄炳艺，2005）。

信度包括内在信度和外在信度。内在信度检验在于分析一组问卷调查是否测量的是同一特征，以及这些调查项目之间是否具备较高的内在一致性。如果内在信度高，那么意味着一组问卷调查的一致性程度较高，相应的调查才有意义，所得的测评结果是可信的。而外在信度检验在于分析在不同时间对同批受访者进行重复测量时，数据结果是否一致，假如两次测评结果的相关度较高，那么说明在受访者未有故意隐瞒的前提下，调查问卷的概念和内容是清晰的、无歧义的，所得的测评结果是可信的（陈晓萍和沈伟，2018）。信度和效度都是评估调查问卷质量的重要指标，但是两种检验的侧重点存在差异，信度重点关注问卷测量结果的稳定性和一致性，效度重点关注问卷测量结果的准确性与真实性，且两者间存在紧密的联系，信度是效度的必要条件，而非充分条件，即高信度测量工具未必带来高效度，但是高效度依赖于较高信度的测量工具。在进行科学研究中，要同时检测调查问卷的信度和效度，以确保所获得数据的准确性和可靠性（陈晓萍等，2008）。

在调查问卷法中，克隆巴赫系数（Cronbach's α，简称 α 系数）是衡量量表信度的一种常用方法，具体的计算方法是：首先计算量表各测量项目的相关系数矩阵，然后计算以上相关系数的均值，α 系数的取值范围是 0~1，取值越大，代表信度越高；α 系数会受调查问卷中测评变量的数量和相关系数均值的影响，当测评变量数为定值时，如果相关系数均值较高，那么认为该变量的内在信度较低，此时 α 系数也较低，因此，可以通过 α 系数的大小来评估调查问卷信度的高低（曾五一和黄炳艺，2005）。Cuieford（1965）较早对 α 系数所代表的可信度进行了范围划分：$\alpha \leq 0.3$（完全不可信），$0.3 < \alpha \leq 0.4$（勉强可信），$0.4 < \alpha \leq 0.5$（一般可信），$0.5 < \alpha \leq 0.7$（可信）；$0.7 < \alpha \leq 0.9$（非常可信）；$\alpha > 0.9$（完全可信）。文献梳理发现，国内董保宝等（2011）、陈文婷和李新春（2010）、汤淑琴等（2018）等研究均认同 α 系数大于 0.7 代表调查问卷具备较高信度的观点。本书研究采用 SPSS 16.0 检验了各个变量的 α 系数以考察调查问卷的信度，具体结果如表 4-8 所示。数据分析结果表明，各变量的 α 系数分别为 0.782、0.765、0.692 以及 0.851，均接近 0.7 或在 0.7 以上，说明本书的调查问卷具有较高的可信度，符合进一步数据处理要求。

表 4-8　各变量的信度分析

变量	Cronbach's α	KMO	CR
创业警觉性	0.782	0.737	0.829
资源整合	0.765	0.721	0.823
机会识别	0.692	0.632	0.813
新企业组织韧性	0.851	0.808	0.867

资料来源：笔者根据 SPSS 16.0 的信度分析结果绘制。

第六节　本章小结

本章基于前文的理论梳理和研究框架进行研究设计，本书研究采用问卷调查法收集一手数据从而对研究模型进行实证检验。首先，对问卷调查法相关的理论内容进行阐述，包括方法的优点与局限性、问卷设计的原则、注意事项、调研步骤等方面；其次，详细描述了调查问卷的发放区域、收集方式等内容，并对最终的有效数据进行样本特征描述和讨论；再次，根据本书的研究对象、研究问题和目标，结合理论模型中创业警觉性、资源整合、机会识别、新企业组织韧性的现有研究与量表，设计了变量的测度量表，并根据模糊集定性比较分析法（fsQ-CA）的要求，采用直接校准法对各变量的数据校准为模糊集以便后续的数据分析；最后，对本书研究的数据进行数据同源偏差、效度和信度检验，从而保证本书研究结论的有效性，数据处理结果表明，创业警觉性、资源整合、机会识别、新企业组织韧性的测量量表具备良好的可信度和有效性，同时数据同源偏差也是在可接受范围内，符合进一步的数据要求。

第五章　实证分析

第一节　基于必要条件分析的新企业组织韧性
必要条件分析结果

一、新企业组织韧性必要条件分析结果

必要条件因果是指如果某一前因不存在时，那么结果将不会发生；而充分条件因果是指前因或其组合充分地产生结果，必要条件分析（Necessary Condition Analysis，NCA）是一种必要条件分析的方法，能够分析在何种水平上变量之间是否存在必要性关系，将 NCA 和 fsQCA 结合使用能够对必要条件因果关系进行更为细致和稳健的分析（孙宁等，2024）。为了更好地分析模型中变量之间的必要性关系，本书研究采用 NCA 方法，识别特定条件对于结果而言是必要的还是非必要的，并且补充在充分因果关系分析上存在明显优势的 QCA 方法。虽然 QCA 方法能够识别必要关系，但是只能定性描述"特定条件对于一个结果是否存在必要性"，未能定量地呈现必要性程度，即"一个条件在何种程度才是结果的必要条件"。这种定量结果对于模糊集分析来说尤为重要，因为其关注的变化不仅是"是"与"否"，还包含详尽的隶属分数，这促使综合使用 NCA 和 fsQCA 进行问题分析更有价值（杜运周等，2021）。因此，本书研究首先采用 NCA 方法检验七个前因条件是不是产生高组织韧性的必要条件。

必要条件分析法（NCA）不仅可以识别结果变量的必要条件，还能够量化这

些必要条件的效应，其中效应量作为核心指标，精确衡量了前置条件变量对特定结果变量所展现的必要程度及影响力大小（孙宁等，2024）。Dul 等（2016）提出必要条件分析法（NCA）中效应量主要从两个方面进行评估并且要满足以下两个标准：

（1）效应量 d 不得低于 0.1。其中，$0 \leq d < 0.1$ 被认为是小效应，即非必要；$0.1 \leq d < 0.3$ 为中等效应，即必要；$0.3 \leq d < 0.5$ 为大效应，即较为必要；$d \geq 0.5$ 为非常大的效应，即非常必要。

（2）通过蒙特卡洛仿真置换检验后效应量显著，即 p（0.05）。本书运用 R 语言的 NCA 数据包对七个前因条件变量进行上限回归分析（CR）以及上限包络分析（CE），具体结果如表 5-1 所示。结果表明，七个前因条件变量中搜索和扫描（SS）的、资源耦合（RP）和可行性识别（FI）的效应量分别为 0.283、0.246 和 0.213，均大于 0.1 且 p 值小于 0.05 显著，满足基本要求，为某一水平新企业组织韧性的必要条件，对新企业组织韧性具有中等效应的影响，其余前因条件变量均不满足基本要求。

表 5-1 NCA 方法必要条件分析结果

前因条件	方法	精确度（%）	上限区域	效应量 d	P 值
搜索与扫描	**CR**	**92.0**	**0.283**	**0.283**	**0.000**
	CE	**100**	**0.120**	**0.120**	**0.000**
关联与连接	CR	100	0.005	0.005	0.085
	CE	100	0.010	0.010	0.083
评估与判断	CR	98.9	0.118	0.118	0.000
	CE	100	0.096	0.096	0.000
资源内聚	CR	97.3	0.084	0.084	0.000
	CE	100	0.092	0.092	0.000
资源耦合	CR	96.2	0.246	**0.246**	**0.000**
	CE	100	0.115	**0.115**	**0.000**
可行性识别	CR	99.6	0.213	**0.213**	**0.000**
	CE	100	0.304	**0.304**	**0.000**
盈利性识别	CR	100	0.005	0.005	0.037
	CE	100	0.010	0.010	0.036

资料来源：笔者根据 R 语言 4.4.1 的必要条件分析结果绘制。

图 5-1、图 5-2 和图 5-3 分别是搜索与扫描（SS）、资源耦合（RP）以及可行性识别（FI）三个前因条件变量的散点图和上限线，其他散点图见附录 A。由图可以发现，搜索与扫描、资源耦合以及可行性识别的散点主要集中在左下—右上对角线附近，表明三个前因条件变量与新企业组织韧性存在近似正向的关系，且可行性识别左上方空白空间相对较大，说明可行性识别对新企业组织韧性的约束力相对较强，即可行性识别达到一定水平，新企业组织韧性才能得到一定提升。搜索与扫描以及资源耦合左上方空白空间相对可行性识别较小，对新企业组织韧性具有一定约束力但相对较弱。

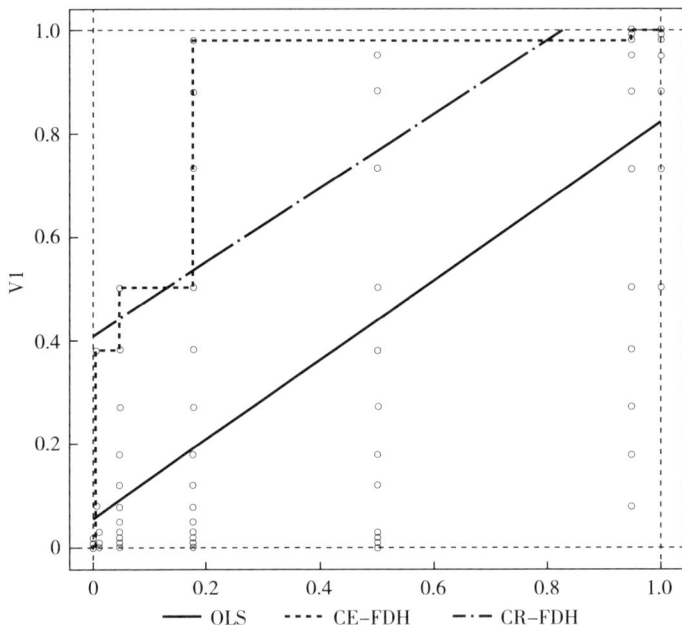

图 5-1 搜索与扫描 NCA 散点图

资料来源：R 语言 4.4.1 的必要条件分析结果。

二、新企业组织韧性必要条件瓶颈水平分析结果

瓶颈水平是指为实现结果变量某一特定水平所需必要条件的最低水平值（%）。由于达到不同组织韧性水平各前因条件变量的必要程度是不同的，所以本章进行 NCA 瓶颈水平分析。表 5-2 的结果显示的是各前因条件变量的瓶颈水平，

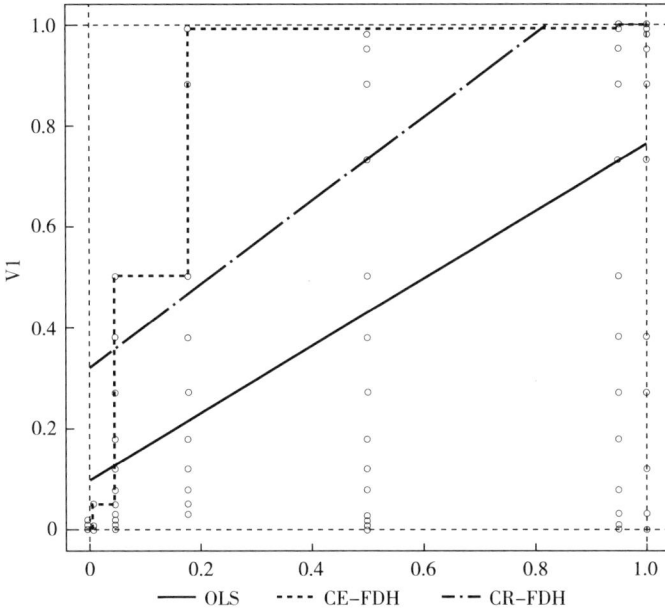

图 5-2　资源耦合 NCA 散点图

资料来源：R 语言 4.4.1 的必要条件分析结果。

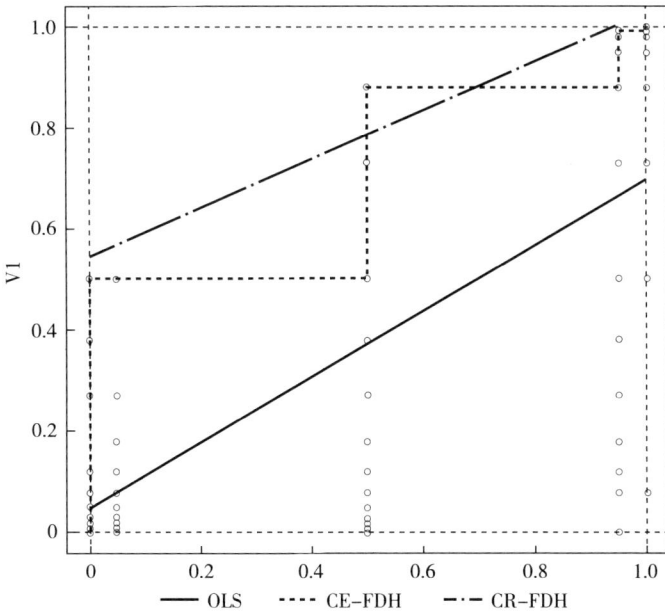

图 5-3　可行性识别 NCA 散点图

资料来源：R 语言 4.4.1 的必要条件分析结果。

表5-2 新企业组织韧性瓶颈水平 单位：%

新企业组织韧性	搜索和扫描	关联和连接	评估和判断	资源内聚	资源耦合	可行性识别	盈利性识别
0	NN	NN	NN	NN	NN	NN	NN
10	NN	NN	NN	NN	NN	NN	NN
20	NN	NN	NN	NN	NN	NN	NN
30	NN	NN	NN	NN	NN	NN	NN
40	10.3	NN	NN	NN	NN	NN	NN
50	22.3	NN	4.9	NN	13.2	NN	NN
60	34.3	NN	12.3	NN	27.1	11.2	NN
70	46.4	NN	19.7	NN	41.0	31.8	NN
80	58.4	NN	27.0	1.2	55.0	52.5	NN
90	70.4	NN	34.4	42.0	68.9	73.1	NN
100	82.4	95.0	41.8	82.8	82.9	93.7	95.0

注：表中"NN"代表不必要条件。

资料来源：笔者根据 R 语言 4.4.1 的必要条件分析结果绘制。

即实现某一新企业组织韧性水平所需各条件变量的水平。本章在该瓶颈水平分析的基础上，对隶属度数据进行梳理，得出各瓶颈水平所对应的各条件变量的隶属度（见表5-3）。本章重点研究前文具有较强影响力的三个前因条件变量对高组织韧性（隶属度大于等于0.501）的瓶颈水平，且主要分新企业组织韧性水平在60%~80%水平和新企业组织韧性在90%水平以上两种情况进行分析。

表5-3 新企业组织韧性隶属度数据瓶颈水平 单位：%

新企业组织韧性	搜索与扫描	关联与连接	评估与判断	资源内聚	资源耦合	可行性识别	盈利性识别
0	NN	NN	NN	NN	NN	NN	NN
0	NN	NN	NN	NN	NN	NN	NN
0.010	NN	NN	NN	NN	NN	NN	NN
0.080	NN	NN	NN	NN	NN	NN	NN
0.180	0.437	NN	NN	NN	NN	NN	NN
0.380	0.501	NN	0.501	NN	0.501	NN	NN
0.501	0.501	NN	0.501	NN	0.501	0.950	NN
0.730	0.950	NN	0.950	NN	0.950	0.950	NN
0.730	0.950	NN	0.950	0.950	0.950	0.950	NN

新企业组织韧性	搜索与扫描	关联与连接	评估与判断	资源内聚	资源耦合	可行性识别	盈利性识别
0.950	0.990	NN	0.950	0.950	0.950	1.000	NN
1.000	1.000	1.000	1.000	1.000	1.000	1.000	1.000

注：表中"NN"代表不必要条件。

资料来源：笔者根据 R 语言 4.4.1 的必要条件分析结果绘制。

第一，在本书研究的 263 个样本中，对于组织韧性水平在 90% 以上的新企业而言，三个前因条件变量的瓶颈限制差异不大，搜索与扫描、资源耦合以及可行性识别的水平至少要达到 70.4%、68.9% 和 73.1%。结合表 4-5 的结果可知，搜索与扫描、资源耦合以及可行性识别的隶属度至少要达到 0.990、0.950 以及 1.000，说明要达到 90% 以上组织韧性水平，搜索与扫描及可行性识别对新企业组织韧性的作用较为突出；要实现高组织韧性，新企业在进行不同类型资源整合的同时，即资源耦合，更要加强对市场新信息的搜索与扫描，同时更需要加强对市场机会的识别，特别是机会的可行性识别，以应对不断变化的外部环境。

第二，在本书研究的 263 个样本中，对于组织韧性水平在 60%~80% 的新企业而言，三个前因条件变量的瓶颈限制具有一定差异，搜索和扫描、资源耦合以及可行性识别的水平至少要达到 34.3%、27.1% 和 11.2%。结合表 5-3 的结果可知，搜索与扫描、资源耦合以及可行性识别的隶属度至少要达到 0.501、0.501 和 0.950，说明要达到 60%~80% 的组织韧性水平，搜索与扫描及资源耦合对新企业组织韧性的作用较为突出，要实现高组织韧性，新企业在进行市场机会的可行性识别之前，更需要加强对信息/机会的搜索与扫描，增加信息的获取量，同时还要加强不同类型资源的整合，为可行性识别提供信息和资源基础，从而保证企业应对环境变化能力的提升。

第二节　基于 fsQCA 的新企业组织韧性条件组态分析结果

一、单一必要条件分析

QCA 的基本思路是将原因条件（Causal Conditions）和结果（Outcome）校准

为集合，通过计算集合间的子集关系，从而确定各条件及其组合对结果的必要性和充分性。综合集合关系和逻辑关系可以发现，子集是超集的充分条件，超集是子集的必要条件。从形象来看，必要条件（超集）是大圆，充分条件（子集）是小圆。单一必要条件分析的目的是确定是否有条件为结果发生的必要条件，即如果没有该条件，该结果就无法产生。

在进行模糊集真值表分析之前，需要运用一致性分数对前因条件变量的充分性进行衡量。如果不进行一致性分数的衡量，可能会导致在简约解中必要条件的缺失，从而影响后续核心条件和组态的分析。根据 Schneider 等（2012）的观点可知必要条件判定的标准为一致性分数在 0.9 及以上。基于 fsQCA 4.0 的单一必要条件的分析结果如表 5-4 所示。结果表明，高关联与连接和高可行性识别的一致性分数分别为 0.908 和 0.939，均大于 0.9，构成高组织韧性的必要条件。

表 5-4　单一必要条件分析表

前因条件	高组织韧性		非高组织韧性	
	一致性	覆盖度	一致性	覆盖度
搜索与扫描	0.859	0.740	0.399	0.492
~搜索与扫描	0.410	0.322	0.789	0.889
关联与连接	**0.908**	0.705	0.400	0.445
~关联与连接	0.285	0.249	0.735	0.920
评估与判断	0.858	0.742	0.376	0.465
~评估与判断	0.381	0.299	0.792	0.889
资源内聚	0.850	0.803	0.334	0.452
~资源内聚	0.421	0.306	0.855	0.891
资源耦合	0.890	0.784	0.368	0.464
~资源耦合	0.391	0.302	0.829	0.916
可行性识别	**0.939**	0.689	0.410	0.431
~可行性识别	0.225	0.211	0.704	0.943
盈利性识别	0.852	0.715	0.410	0.493
~盈利性识别	0.396	0.319	0.763	0.881

注：符号"~"的含义是"非"，即表示该条件不存在，下同。

资料来源：笔者根据 fsQCA4.0 的单一必要条件分析结果绘制。

二、真值表构建结果

本书研究运用 fsQCA 4.0 软件将校准后的隶属度数据进行真值表分析，七个前因条件变量理论上构成 2^7 个组合，即 128 种条件组合方式，理论上存在但案例中不存在的条件组合被称为逻辑余项。基于此，将案例阈值设置为 2，一致性阈值设置为 0.8，得出结果并对比现实案例与理论条件组合。PRI 一致性分数在 0.75 以上（包含 0.75）的条件组态是结果集合的子集（杜运周和贾良定，2017；Schneider & Wagemann，2012）。PRI 一致性分数高于 0.75，其高组织韧性的结果值为 1，反之为 0。具体真值表结果如表 5-5 所示。

表 5-5 高组织韧性 fsQCA 真值

搜索与扫描	关联与连接	评估与判断	资源内聚	资源耦合	可行性识别	盈利性识别	高组织韧性	案例数
1	1	1	1	1	1	1	1	112
1	1	1	0	1	1	1	1	7
0	1	1	1	1	1	1	1	2
1	1	1	1	0	1	1	1	4
1	1	0	1	1	1	1	1	5
0	1	0	0	1	1	1	0	3
0	0	1	1	1	1	1	0	2
1	1	0	0	0	1	0	0	2
0	1	0	0	0	1	1	0	2
0	1	1	0	1	0	1	0	4
0	1	0	0	0	1	0	0	2
1	1	1	1	1	0	0	0	2
0	1	0	0	1	0	1	0	2
0	1	0	0	0	0	1	0	2
1	0	0	0	0	0	1	0	2
1	0	0	0	0	0	0	0	6
0	0	0	0	0	1	1	0	5
0	1	0	0	0	0	0	0	4
0	0	0	0	0	0	1	0	8
0	0	0	0	0	0	0	0	44

续表

搜索与扫描	关联与连接	评估与判断	资源内聚	资源耦合	可行性识别	盈利性识别	高组织韧性	案例数
0	0	1	0	0	1	0	0	2
0	0	1	0	0	0	0	0	2

资料来源：笔者根据fsQCA4.0的真值表分析结果绘制。

表5-5条件变量值为1，说明该条件变量存在且水平高；变量值为0，说明该条件变量不存在且水平低。例如，第一行含义为搜索与扫描高、关联与连接高、评估与判断高、资源内聚高、资源耦合高、可行性识别高及盈利性识别高对应的结果为新企业组织韧性高，其中有112个样本符合这一情况。非高组织韧性真值表原理与高组织韧性相同，不同在于赋值相反而已，不做重复分析。

三、条件组态分析结果

本书研究采用fsQCA 4.0进行模糊集定性比较分析，结果会得出三种解，即复杂解、中间解和简约解。复杂解不纳入任何逻辑余项，包含更多的条件组态；中间解仅仅纳入符合理论和现实证据的逻辑余项；简约解纳入全部的逻辑余项并不对其合理性进行判断（张明和杜运周，2019）。本书研究参照以往研究常用的方式，运用中间解确定形成高组织韧性的各条件组态，运用简约解识别形成高组织韧性各条件组态中的相对重要的核心条件。例如，简约解和中间解中都存在条件变量A，那么说明核心条件变量A存在，对新企业组织韧性具有重要影响；如果仅仅中间解中存在条件变量A，那么说明边缘条件变量A存在，对新企业组织韧性仅仅具有辅助作用（Fiss，2011）。根据单一必要条件的分析结果，在软件操作过程中选择关联和连接以及可行性识别存在，进行条件组态分析。

本书研究参照Ragin（2019）的观点，将fsQCA 4.0软件分析的结果制作成表5-6和表5-7。基于简约解结果显示的核心条件（见表5-6）可以得出高组织韧性的组态分为三类四条（S1a、S1b、S2和S3），非高组织韧性的组态分为三类四条（W1a、W1b、W2和W3）。结果显示，高组织韧性四条组态路径的总体一致性为0.927，说明263个样本中所有符合这四条组态路径的新企业，有92.7%的新企业组织韧性呈现较高的水平；总体覆盖度为0.725，说明这四条组态路径可以解释72.5%的新企业组织韧性案例，解释力度较为良好。此外，非高组织韧性四条组态路径的总体一致性为 0.991，总体覆盖度为 0.565。

表 5-6　fsQCA 简约解显示的核心条件

高组织韧性	非高组织韧性
AC * EJ * FI	~FI
SS * FI * PI	~RS * ~RP
	~EJ * ~RP

注：符号"*"的含义是"与"，例如 A*B 表示的是条件 A 和 B 的组合。
资料来源：笔者根据 fsQCA4.0 的组态分析结果绘制。

表 5-7　高、非高组织韧性条件组态

条件	高组织韧性				非高组织韧性			
	S1		S2	S3	W1		W2	W3
	S1a	S1b			W1a	W1b		
搜索与扫描（SS）	●	●	●	—	—	⊗	⊗	⊗
关联与连接（AC）	●	●	●	●	⊗	●	⊗	●
评估与判断（EJ）	●	●	—	●	⊗	⊗	⊗	●
资源内聚（RS）	●	—	●	●	⊗	⊗	⊗	●
资源耦合（RP）	—	●	●	●	⊗	●	⊗	●
可行性识别（FI）	●	●	●	●	⊗	⊗	—	⊗
盈利性识别（PI）	●	●	●	●	⊗	⊗	⊗	⊗
一致性	0.950	0.945	0.945	0.941	0.999	0.998	1	0.952
原始覆盖度	0.660	0.666	0.658	0.654	0.478	0.469	0.174	0.084
唯一覆盖度	0.022	0.028	0.020	0.016	0.035	0.018	0.034	0.012
总体一致性	0.927				0.991			
总体覆盖度	0.725				0.565			

注："●"表示核心条件存在；"●"表示边缘条件存在；"⊗"表示核心条件缺失；"⊗"表示边缘条件缺失；"空格"表示该条件可存在也可不存在，下同。
资料来源：笔者根据 fsQCA4.0 的组态分析结果绘制。

四、稳健性检验

定性比较分析法（Qualitative Comparative Analysis，QCA）融合定性与定量研究方法，是一种基于集合论和布尔代数的研究方法，旨在通过比较案例来识别导致特定结果的条件组合。尽管 QCA 在社会科学研究中得到了广泛应用，但其结果的稳健性备受争议，因为 QCA 具有定性研究方法的缺陷，存在案例的敏感性问题，即当选择不同案例可能会产生不一致的组态分析结果；甚至有学者批判 QCA 法的敏感性与随机性容易导致其分析结果的不稳健，甚至有研究用"摇摇欲坠"来形容这一质疑问题，因此，为了消除以上质疑，对组态结果进行稳健性检验是一个至关重要的策略（程恋军和王琳茜，2025）。稳健性检验一般是对条件组态的充分性进行分析，一方面是因为研究者和评审者对组态结果的充分性更加感兴趣，另一方面是因为必要条件分析结果存在敏感性，并且研究者容易带入主观观点，这容易导致组态结果不可靠（张明和杜运周，2019）。稳健性检验的必要性主要体现在以下四个方面：

（1）QCA 的组态结果依赖于研究者选择条件变量，编码数据的方式和选择案例。组合或数据编码方式的不同条件变量可能导致结果的不同。所以，稳定性检验有助于验证对模型设置是否敏感的结果。

（2）QCA 通常适用于中小样本研究，但较小的样本量可能造成结果的偶然性。通过稳健性检查，对不同样本或子样本的检测结果是否相符进行评估。

（3）QCA 的核心是通过多种条件的组合（即多重并发因果路径）来识别导致的结果。稳健性检查有助于验证不同分析中这些路径是否一致，避免由于偶然性而造成的不实路径。

（4）QCA 的结果通常是以特定为基础的，稳健性检验可以帮助评估这些结果是否具有更广泛的广泛性，以及是否适用于其他类似的案例或 case 或情境。

具体做法是比较不同检验方法的组态条件分析结果是否存在差异，如果在不同检验方法下条件组态之间存在明显的包含的子集关系，且各参数（主要包括一致性和覆盖度）无大幅度变化，那么说明条件组态分析的结果是比较稳定的。对常用的稳健性检查方法进行了系统梳理，主要包括以下五种策略（张明和杜运周，2019）：

（1）调整校准锚点。校准是基于特定的定性锚点，将获取的原始的数值型数据转换成集合隶属度，校准核心是研究者基于既有的理论知识、研究情境、经验证据及数据特征等做出三个锚点判断，并提供充分解释（程恋军和王琳茜，2025）。变动数据校准的校准标准，即改变校准锚点，例如，将原先的 75%分位数（完全隶属点）、50%分位数（交叉点）以及 25%分位数（完全不隶属点）变动为 95%分位数（完全隶属点）、50%分位数（交叉点）和 5%分位数（完全不隶属点），并根据新标准对数据进行重新校准，如果结果在不同的校准标准下仍保持一致，那么说明结果具有较高的稳健性。

（2）改变案例频数。在定性比较分析法（QCA）中，案例频数指的是在某个特定条件组合下出现的案例数量。QCA方法主要是分析不同条件组合与结果之间的关系，而案例频数反映的就是实际数据中这些组合出现频率。变换案例频数，即变换案例出现在某一具体条件的次数。例如，从"1"到"2"的案例频次变化，如果仍与原来的结果相符，那么表示结果的稳健性较高。

（3）变化一致性门槛值（变化案例阈值）。变化一致性用来测量子集关系，当某一组态结果出现时，设置不同的一致性阈值可以删除"同时子集关系"对结果的干扰，而不同的一致性阈值可以改变各组态在真值表中的结果赋值，并影响真值表的构建，从而影响最终的结组态结果。QCA中的条件一般需要进行二值化或多值化，门槛的结果的影响至关重要。稳健性检查可以通过改变条件的阈值来检查结果的稳定性，例如，提高或降低某一条件的临界值。如果不同阈值下的结果一致，那么表示该结果的稳健性较高。

（4）转变样本空间。通过改变样本空间，并再次进行组态分析以检验研究结果的稳健性。第一种方式是通过增加或缩小fsQCA分析的样本规模来改变样本空间，由于fsQCA既适合15以下的小样本及100以上的大样本研究，也适合15~50中等规模的样本研究，这种优势为通过增加或减少样本量以进行稳健性建议提供了前提，对于中等规模的分析样本，可以通过增加原分析未入选的备选案例、随机提出样本及根据模型适用性制定剔除样本等方式改变样本空间；对于大规模的分析样本，通过对当前的有限样本库进行多次且有放回的重复抽样以扩大样本空间，重新构建能够代表总体分布的大规模样本；在以上基础上再次进行数据处理和组态分析，从而进行稳定性检验。第一种方式是通过重新划分样本空间界限方式改变样本空间，具体做法是将样本分为不同的子样本，在多个子样本复制原有数据处理和分析，常用的子样本划分标准是社会学人口特征、企业年龄、企业规模、行业等，然后在每个子样本中重新进行fsQCA分析，检验核心条件组合是否在不同子样本中保持一致。如果结果在不同子样本中保持一致，那么说明结果具有较高的稳健性。虽然fsQCA不存在样本选择的偏差问题（杜运周等，2021），但是不同样本空间对组态结果存在不同的敏感性，因此根据特性进行划分，并进行稳健性检验，能够避免样本选择存在极端性，从而增加研究结论的适用性和代表性。

（5）增加其他条件变量。通过增加一个或多个与结果相关的条件变量，检验不同前因条件变量情况下组态结果是否稳定不断，进而对原有模型和分析结果进行验证。如果核心条件组合在不同条件下依然保持一致，即增加前因条件变量后并对识别的组态结果产生明显的影响，那么证明研究结果具有较高的稳健性和可靠性。

本章将采用变动一致性门槛值的方法来进行稳健性检验：将一致性门槛值由0.8调整为0.9。具体稳健性检验结果如表5-8所示。fsQCA 4.0 的数据分析结果显示，表5-8 中高组织韧性组态 H1~H4 均分别与表5-7 中的组态 S1~S3 一一对应，整体组态不变，总体一致性以及覆盖度保持不变。其中，组态 H1 与组态 S1a 相比，搜索与扫描（SS）转变为边缘条件存在，评估与判断（EJ）和资源内聚（RS）转变为核心条件存在；组态 H2 与组态 S1b 相比，评估与判断（EJ）转变为核心条件存在，搜索与扫描（SS）及盈利性识别（PI）转变为边缘条件存在；组态 H3 与组态 S2 相比，搜索与扫描（SS）及盈利性识别（PI）转变为边缘条件存在；组态 H4 与组态 S3 相比，资源内聚（RS）转变为核心条件存在。表中 5-8 中非高组织韧性组态 D1~D4 均与表5-7 中的组态 W1~W3 一一对应，保持不变，总体一致性以及覆盖都保持不变。

表 5-8　稳健性检验后的高、非高组织韧性条件组态

条件	高组织韧性				非高组织韧性			
	H1	H2	H3	H4	D1	D2	D3	D4
搜索与扫描（SS）	●	●	●	—	—	⊗	⊗	⊗
关联与连接（AC）	●	●	●	●	⊗	—	⊗	●
评估与判断（EJ）	●	●	●	●	⊗	⊗	⊗	●
资源内聚（RS）	●	—	●	●	⊗	⊗	⊗	⊗
资源耦合（RP）	—	●	●	●	⊗	⊗	⊗	⊗
可行性识别（FI）	●	●	●	●	⊗	⊗		⊗
盈利性识别（PI）	●	●	●	●	⊗	⊗		⊗
一致性	0.950	0.945	0.945	0.941	0.999	0.998	1	0.952
原始覆盖度	0.660	0.666	0.658	0.654	0.478	0.469	0.174	0.084
唯一覆盖度	0.022	0.028	0.020	0.016	0.035	0.018	0.034	0.012

续表

条件	高组织韧性				非高组织韧性			
	H1	H2	H3	H4	D1	D2	D3	D4
总体一致性	0.927				0.991			
总体覆盖度	0.725				0.565			

资料来源：笔者根据 fsQCA4.0 的组态分析结果绘制。

第三节　高组织韧性条件组态类型与案例分析

根据表 5-7 中结果显示，高组织韧性条件组态分为三类四条 S1a、S1b、S2、S3，其中三大类分别为以搜索与扫描、关联与连接、可行性识别及盈利性识别为核心条件的新企业组织韧性条件组态；以搜索与扫描、可行性识别及盈利性识别为核心条件的新企业组织韧性条件组态和以关联与连接、评估与判断及可行性识别为核心条件的新企业组织韧性条件组态（各组态具体核心和边缘条件以及对应案例企业见表 5-9）。

表 5-9　新企业组织韧性条件组态与对应的案例企业

条件组态		条件组态内容	案例企业
高组织韧性	S1a	（1）核心条件：搜索与扫描、关联与连接、可行性识别、盈利性识别 （2）边缘条件：评估与判断、资源内聚	智能设备制造行业私营企业 A、信息传输、计算机服务和软件行业私营企业 B、智能交通和智能物流行业私营企业 C
	S1b	（1）核心条件：搜索与扫描、关联与连接、可行性识别、盈利性识别 （2）边缘条件：评估与判断、资源耦合	数字媒体设备制造行业私营企业 D，新能源和新材料行业私营企业 E，智能交通和智能物流行业私营企业 F、G、H 以及信息传输、计算机服务和软件行业国家所有制企业 I
	S2	（1）核心条件：搜索与扫描、可行性识别、盈利性识别 （2）边缘条件：评估与判断、资源内聚、资源耦合	信息传输、计算机服务和软件业私营企业 J、数字媒体设备制造业私营企业 K

续表

条件组态		条件组态内容	案例企业
高组织韧性	S3	（1）核心条件：关联与连接、评估与判断、资源内聚、可行性识别 （2）边缘条件：资源耦合、盈利性识别	智能设备制造国家所有制企业 L
非高组织韧性	W1a	（1）核心条件：评估与判断、资源内聚、资源耦合、可行性识别 （2）边缘条件：关联与连接、盈利性识别	信息传输、计算机服务和软件业私营企业 M 等 50 家企业
	W1b	（1）核心条件：评估与判断、资源内聚、资源耦合、可行性识别 （2）边缘条件：搜索与扫描、盈利性识别	信息传输、计算机服务和软件业私营企业 M 等 48 家企业
	W2	（1）核心条件：评估与判断、资源内聚、资源耦合 （2）边缘条件：搜索与扫描、关联与连接、盈利性识别	信息传输、计算机服务和软件业私营企业 M 等 45 家企业
	W3	（1）核心条件：可行性识别 （2）边缘条件：搜索与扫描、评估与判断、关联与连接、可行性识别、盈利性识别	智能设备制造业私营企业 N

资料来源：笔者根据 fsQCA4.0 的组态分析结果绘制。

一、创业警觉性和机会识别的双核心驱动型组态

条件组态 S1a 显示，如果新企业针对新信息具有较强的广泛搜寻和整合能力以及创造性延展信息的能力，针对新机会的可行性和盈利性具有较强的识别和判断能力，在此基础上只要对信息的评估具备一定的判断能力且企业对同类型资源具有一定的整合能力，可以形成高组织韧性。由结果可看出该组态具有以下两点特征：第一，该组态中资源耦合并未发挥较强的作用，即新企业对不同类型资源的整合能力比较差，在这种情况下，新企业需要较强的资源内聚能力进行补足。首先，Duchek（2020）的研究表明，资源的可用性可以有效提高企业的预期和应对环境的能力，对提高组织韧性具有重要作用。其次，基于资源基础理论，企业的可持续发展离不开资源的获取，资源的独特性是企业形成竞争优势的关键因素，各企业凭借其特有的资源组合，建构了独特的竞争地位，这使得其他竞争对

手难以模仿或复制。因此，新企业组织韧性的构建以及企业长期发展需要企业自身具备较强的资源整合能力，其中资源耦合能力的不足就需要资源内聚能力进行弥补。第二，搜索与扫描、关联与连接、可行性识别以及盈利性识别作为该组态的核心条件，可以为新企业资源内聚能力的发展提供支撑，从而提高新企业的组织韧性。首先，创业警觉性是创业者在复杂多变的市场环境中，通过敏锐的感知、主动的搜索和深入的洞察，识别并把握潜在商业机会的一种综合能力。创业者可以凭借自身创业警觉性把握市场环境下的创业机会，针对市场环境的变化调整企业自身同类资源的组合，提高新企业适应市场变化的能力。其次，机会识别是一个创业者基于警觉性、先验知识及外部环境变化，通过搜索、社会建构、创造性思维等行为过程，发掘、形成并完善商业机会的动态认知与行为的综合过程。创业者在自身创业警觉性的基础上对商业机会的可行性以及盈利性进行评估，进一步把握当下的市场动态，提高新企业应对环境的能力。

该组态的代表案例企业包括智能设备制造行业私营企业 A、信息传输、计算机服务和软件行业私营企业 B 以及智能交通和智能物流行业私营企业 C。三家私营企业所属行业均属于对市场信息变动极为敏感的行业，信息以及机会的影响极大。其中，私营企业 A 的创业者自身对新闻关注度较高且对新的商业机会和创意极其关注，能够发掘商业机会的独特性以及潜在的竞争优势，同时利用相同类型资源的整合促进企业人才专业化水平的提升，并且创业者会针对自身的个体资源进行整合从而带动企业整个的人力资源水平。因此，私营企业 A 能够随时调配相关人员来弥补关键员工的空缺并且在突发事件发生时快速获得应对意外事件所需的资源，能够建立集体协调机制以确保组织进入全系统响应状态。

条件组态 S1b 显示，如果新企业针对新信息具有较强的广泛搜寻和整合能力以及创造性延展信息的能力，那么针对新机会的可行性和盈利性具有较强的识别和判断能力，在此基础上只要具备一定对信息的评估判断能力且企业对不同类型资源具有一定的整合能力，就可以形成高组织韧性。由结果可看出该组态具有以下两点特征：

第一，该组态与组态 S1a 类似，其差异在于该组态中资源内聚未发挥重要作用，所以需要较强的资源耦合能力补足。同样基于资源基础理论，资源的独特性难以模仿和复制，企业可以依靠不同的资源组合形成自身的竞争优势，保证企业的可持续发展。然而，企业由于资源内聚能力的缺乏，就需要较强的资源内聚能力进行补足。资源耦合发挥不同类型资源的协同效应，降低了资源利用过程中的冲突，消除了资源冗余，从而提高资源的利用效率（彭学兵等，2016）。资源可用性能够提高企业对环境变化的预期和反应能力（Duchek，2020）。

第二，该组态与组态 S1a 相同，搜索与扫描、关联与连接、可行性识别以及盈利性识别作为该组态的核心条件，为企业资源耦合提供支撑，从而提高新企业的组织韧性。创业者可以凭借自身创业警觉性把握市场环境下的创业机会，针对市场环境的变化调整企业自身不同类型资源的组合，提高新企业适应市场变化的能力。

该组态的代表案例企业包括数字媒体设备制造行业私营企业 D、新能源和新材料行业私营企业 E、智能交通和智能物流行业私营企业 F、G、H 以及信息传输、计算机服务和软件行业国家所有制企业 I。其中新能源和新材料私营企业 E 通过对不同类型的资源整合促进企业复合型人才的发展，使跨部门之间的工作交流与沟通变得更加顺畅，各部门之间配合变得更加密切。在这种危机情况下，企业员工知道组织会在多长时间受到意外和潜在负面事件的影响，提前做出预警和防备措施，确保组织进入全系统响应状态。

二、搜索与扫描和机会识别双核心驱动型组态

条件组态 S2 显示，如果新企业针对新信息具有较强的广泛搜寻和整合能力，那么针对新机会的可行性和盈利性具有较强的识别和判断能力。在此基础上只要具备一定对信息的评估判断能力且企业对相同类型和不同类型资源具有一定的整合能力，就可以形成高组织韧性。由结果可看出，该组态具有以下两点特征：

第一，该组态与组态 S1 的两种组态相比，其搜索和扫描能力发挥较为重要的作用，然而信息的关联与连接能力并未发挥较强的作用。由于该组态下新企业自身掌握的信息量足够大，新企业不需要过于对现有信息进行关联与连接，直接针对信息进行评估与判断。企业能够通过搜索与扫描获取并处理大量的外部信息，以快速调整战略（YahiaMarzouk & Jin，2023），调整企业自身资源内聚和资源耦合的组合战略，从而在复杂多变的环境中保持韧性。

第二，该组态下新企业通过针对机会的可行性识别增强组织的动态能力，这一能力是组织在应对快速变化的市场条件时所需的核心竞争力（Duchek，2020），并且通过识别潜在的盈利机会，可以在危机或市场波动中更好地调整资源配置，增强适应力和生存能力（Florez-Jimenez，2024）。

该组态的代表案例企业包括信息传输、计算机服务和软件业私营企业 J 和数字媒体设备制造业私营企业 K。其中数字媒体设备制造业私营企业 K 创业者会定期阅读新闻、杂志或贸易出版物以获取新信息并且在获取信息的过程中始终密切关注新的商业创意，积极寻找新的商业信息，使企业在紧急情况到来的时候，已经准备好应对紧急情况，并准备好利用不可预见的机会。

三、三要素部分因素核心驱动型组态

条件组态 S3 显示，如果新企业针对新信息具有较强的创造性延展信息的能力和评估判断能力，那么针对新机会的可行性和盈利性具有较强的识别和判断能力以及对相同类型资源具有较强的整合能力。在此基础上只要企业对不同类型资源具有一定的整合能力，就可以形成高组织韧性。由结果可看出，该组态具有以下两点特征：

第一，该组态与组态 S2 的差异在于信息搜索与扫描并未发挥较强的作用，信息的关联和连接发挥重要的作用。在该组态下由于新企业对信息的搜索与扫描能力有所欠缺，自身信息储备量较少，就需要新企业通过对信息的关联与连接来进行补足，使企业能够在复杂和不确定的环境中，与其他组织建立互惠的合作关系，从而获得关键资源。特别是在极端事件或危机时，信息关联与连接能帮助组织更快地恢复并适应新环境（Rajala & Hautala-Kankaanpää，2023）。

第二，该组态与组态 S2 相同，在信息关联与连接的基础上企业信息的掌握量得到补足，继续进行对信息的评估与判断，从而把握市场信息的变化，同时对市场机会的可行性和盈利性的识别，针对市场环境的变化对企业资源内聚和资源耦合的组合进行调整，从而提高新企业对市场环境的预期和应变能力。

该组态代表的案例企业包括智能设备制造国家所有制企业 L。该企业的创业者能够把不同信息联系起来，发现它们之间新的或者刚出现的关系，找到其中的"关联点"，这使企业不仅能识别环境变化和即将到来的危机，还关注未来潜在的危机并且能够意识到各部门的运作效果是相互影响的。

第四节　非高组织韧性条件组态类型与案例分析

根据表 5-9 中结果显示，非高组织韧性条件组态分为三类四条 W1a、W1b、W2、W3，其中三大类分别为以评估与判断、资源内聚、资源耦合和可行性识别

为核心条件的非高组织韧性条件组态；以评估与判断、资源内聚和资源耦合为核心条件的非高组织韧性条件组态和以盈利性识别为核心条件的非高组织韧性条件组态。基于此，可再次划分为核心/边缘条件缺失和核心/边缘条件缺失与存在组合两大类：

第一，由表5-9结果可以看出，虽然组态W1a、W1b和W2核心条件存在差异，但核心或边缘条件都属于缺失状态，表明新企业在这七个前因条件存在六个及以上的前因条件同时缺失的情况下，极大概率形成较低的新企业组织韧性水平，其中核心条件评估与判断、资源内聚和资源耦合缺失尤为重要，新企业需要优先进行补足。该种情况下的案例企业包括信息传输、计算机服务和软件业私营企业M等50家企业，其中信息传输、计算机服务和软件业私营企业M尤为典型，创业者自身不经常与其他人互动以获取新信息，同时又不能把不同的信息联系起来，发现它们之间新的或者刚出现的关系，并且识别出的机会带来的产品/服务并不能够为企业带来较高的收益和回报；企业方面对相同类型和不同类型资源的整合能力又较差，导致企业的组织韧性水平较低。

第二，由表5-9结果可以看出，组态W3的情况比较特殊，该组态下新企业对信息具备一定关联与连接和评估与判断能力以及资源耦合能力，但其余条件变量缺失不足，在这种情况下新企业容易形成较低的组织韧性水平。该种情况下的案例企业包括智能设备制造业私营企业N。该企业经常能够发现看似无关的信息之间的联系和能够敏锐地觉察到有利可图的机会，并且企业能够对不同类型资源的整合促进了跨部门工作交流与沟通，但是创业者自身并未能够始终密切关注新的商业创意，且企业方面对相同类型资源的整合能力又较差，导致企业的组织韧性水平较低。

第五节　本章小结

本章运用必要条件分析法（NCA）与模糊集定性比较分析法（fsQCA），系统探究了新企业组织韧性的复杂成因及其动态形成机制。研究发现，组织韧性的构建并非依靠单一条件的线性作用，而是多种要素协同联动的结果。必要条件分析法（NCA）的结果表明，搜索与扫描（SS）、资源耦合（RP）和可行性识别

（FI）是实现某一特定水平组织韧性的必要条件，其效应量 d 值分别为 0.283、0.246 和 0.213。进一步分析发现，不同韧性水平对条件的要求存在显著差异：实现高组织韧性水平（组织韧性水平大于等于90%）时，搜索与扫描（SS）、资源耦合（RP）和可行性识别（FI）水平需分别达到 70.4%、68.9% 和 73.1% 的阈值，其中可行性识别对组织韧性的影响最为突出；而达到中等组织韧性水平（组织韧性水平在 60%~80%）时，仅需满足搜索与扫描（SS）大于等于 34.3%、资源耦合（RP）大于等于 27.1% 和可行性识别（FI）大于等于 11.2% 的基础水平，其中搜索与扫描、资源耦合的作用较为突出。条件组态的充分性结果显示，研究揭示了三类差异化显著的高组织韧性驱动路径：①创业警觉性和机会识别双核心驱动型组态（S1a 和 S1b）：以创业警觉性与机会识别为核心，通过搜索与扫描、关联和连接、可行性识别与盈利性识别的协同作用，结合资源内聚或资源耦合能力，形成信息整合与机会评估的双重驱动力；②搜索与扫描和机会识别双核心驱动型组态（S2）：聚焦搜索与扫描的广度优势，强调其与可行性识别、盈利性识别的动态匹配，在资源整合能力加持下实现机会窗口的精准捕捉；③三要素部分因素核心驱动型组态（S3）：通过关联与连接、评估与判断及可行性识别的组合效应，弥补搜索能力的不足，凸显资源动态调整的补偿机制。非高组织韧性案例的对比分析表明，关键条件缺失或低水平组合是制约韧性生成的主要障碍，尤其是评估与判断、资源整合和可行性识别的协同失效会显著削弱组织应对危机的能力。

本章不仅通过 NCA 与 fsQCA 的方法揭示了组织韧性形成的复杂因果机制，还发现不同要素间既存在替代性补偿关系，也存在互补性强化关系，这种非对称性特征为动态能力理论在危机情境下的拓展提供了新方向。在实践层面，本章内容为企业管理者优化资源配置提供了两条路径：一方面需强化信息搜索与关联能力以提升环境洞察力，另一方面应建立资源模块化架构以实现快速重组，同时注重机会评估中可行性标准与盈利性目标的动态平衡。通过多维度能力的协同培育，组织可在不确定环境中构建更具适应性和恢复力的组织韧性体系。

第六章　研究结论与启示

第一节　研究结论

　　本书以 263 家新企业作为研究对象，基于资源基础理论和 Timmons 创业过程模型理论的观点，构建以 Timmons 创业过程模型（创业警觉性、资源整合和机会识别）为基础的新企业组织韧性条件分析框架。通过问卷调查方法对新企业的创业警觉性、资源整合、机会识别和组织韧性进行调查并形成原始数据，在此基础上采用 NCA 方法研究单个前因条件在某一特定新企业组织韧性水平下的必要性，并进一步从组态视角运用 fsQCA 方法探究创业过程三要素，即创业者（创业警觉性）、资源（资源整合）和机会（机会识别）如何联动影响新企业组织韧性。具体研究结论有以下三个：

　　（1）通过必要条件分析法（NCA）发现以下四个问题：

　　第一，搜索与扫描（SS）、资源耦合（RP）以及可行性识别（FI）是新企业实现高组织韧性的必要条件。具体而言，搜索与扫描（SS）作为新企业获取外部信息的重要渠道，能够辅助企业及时捕捉市场变化和潜在机遇，从而增强企业的适应能力。资源耦合（RP）可通过对不同种类资源的整合，提升企业的资源利用效率，强化企业在复杂环境中的应对能力。可行性识别（FI）能够帮助企业在面对市场机会时，准确评估其可行性，进而作出合理决策，避免资源浪费和风险。

　　第二，结合散点图可以发现在搜索与扫描（SS）、资源耦合（RP）以及可行性识别（FI）中，可行性识别相对于前两个变量对新企业组织韧性的约束力较大，即可行性识别对新企业组织韧性的影响相对较强。

第三，在263个样本企业中，对于新企业组织韧性水平达到90%以上的新企业，其搜索与扫描（SS）、资源耦合（RP）以及可行性识别（FI）水平分别达到70.4%、68.9%和73.1%。说明要实现高组织韧性水平，新企业更需要加强企业对信息的搜索与扫描以及对市场机会的可行性识别，满足新企业对市场环境变化的整体把握的需求。

第四，对于新企业组织韧性水平在60%~80%的新企业而言，搜索与扫描及资源耦合的作用更为突出，更需要大量的信息搜索以及不同类型资源的整合作为支撑。

（2）从组态视角和模糊集定性比较分析法（fsQCA）得出高组织韧性的三种类型四条组态（S1a和S1b、S2、S3）：

第一，创业警觉性和机会识别双核心驱动型组态（S1a和S1b）。该组态以搜索与扫描（SS）、关联与连接（AC）、可行性识别（FI）及盈利性识别（PI）为核心条件，强调新企业在信息搜索与整合、机会识别与评估方面的能力。研究发现，具备较强创业警觉性和机会识别能力的新企业，能够通过广泛的信息搜索和创造性延展信息的能力，快速识别市场机会并评估其可行性和盈利性，从而增强企业的组织韧性。此外，资源内聚（RS）或资源耦合（RP）作为边缘条件，能够在一定程度上弥补企业在资源整合方面的不足，进一步提升企业的适应能力。其中，S1a显示当新企业创业者创业警觉性和机会识别能力较强的情况下，新企业如果可以更加注重企业对相同类型资源的整合去弥补新企业资源稀缺的弊端，可以有效地提高新企业的组织韧性；S1b与S1a类似，同样是在新企业创业者创业警觉性和机会识别能力较强的情况下，差异在于该组态更加侧重于资源耦合能力的补足，即对不同类型资源的整合能力，从而推动新企业组织韧性的提升。

第二，搜索与扫描及机会识别双核心驱动型组态（S2）。该组态以搜索与扫描（SS）、可行性识别（FI）和盈利性识别（PI）为核心条件，强调新企业在信息搜索与机会识别方面的能力。研究发现，信息搜索能力较强的新企业，能够广泛获取并处理外部信息，借此快速调整战略，进而在复杂多变的环境中保持韧性。此外，资源内聚（RS）和资源耦合（RP）作为边缘条件，可进一步提升企业的资源整合能力，增强企业的适应力与生存能力。其中，组态S2显示，当新企业对信息的搜索与扫描能力以及机会识别能力较为突出时，新企业更需加强对信息的评估和判断，确保信息的可用性，同时要加强对相同和不同类型资源的整合，以弥补新企业资源的稀缺性，从而提高新企业的组织韧性。

第三，三要素部分因素核心驱动型组态（S3）。该组态以关联与连接（AC）、评估与判断（EJ）、资源内聚（RS）及可行性识别（FI）为核心条件，强调新企业在信息关联与整合、机会评估与识别方面的能力。研究发现，具备较强信息关联与整合能力的新企业，能够通过与其他组织建立互惠合作关系，获取关键资源，从而在极端事件或危机中更快恢复并适应新环境。此外，资源耦合（RP）作为边缘条件，能够进一步提升企业的资源整合能力，增强企业的应对能力。其中，组态 S3 显示当新企业对信息的关联与连接、评估与判断、资源内聚及可行性识别能力较强的情况下，新企业更加需要加强企业资源耦合和盈利性识别能力，即新企业需要加强自身对不同类型资源的整合能力以及对市场机会盈利性的判断。

（3）本书研究发现四种组态之间存在两种共同关系：

第一，对比条件组态 S1a 和 S1b，两条组态差异在于资源内聚和资源耦合能力上的差异，企业可以根据自身资源整合的实际情况，在其中一种能力不足的情况下用另一种能力进行补足，既可以加强资源内聚能力，也可以加强资源耦合能力。

第二，对比条件组态 S2 和 S3，两条组态差异在于企业对信息的搜索与扫描能力的差异，企业可以根据自身实际情况，在企业对信息搜索与扫描能力较强的情况下，可直接加强对现有信息的关联与连接能力，提高企业的信息整合能力，为企业应对环境变化提供支持；但如果新企业自身对信息的搜索与扫描能力不强，那么需要扩大自身对信息的搜索与扫描为后续信息的评估与判断作支撑。

（4）通过对非高组织韧性条件组态的分析，识别了三种主要的非高组织韧性条件组态类型并得出以下三个结论：

第一，非高组织韧性的核心条件缺失是导致其韧性水平较低的主要原因。研究结果显示，非高组织韧性条件组态主要分为三类（W1a、W1b、W2、W3），其中 W1a、W1b 和 W2 组态的核心条件（如评估与判断、资源内聚、资源耦合、可行性识别）普遍处于缺失状态。这种核心条件的缺失直接影响了企业的组织韧性水平，尤其是在信息处理、资源整合和机会识别等方面表现得尤为明显。案例企业如信息传输、计算机服务和软件业私营企业 M 等，由于核心条件的缺失，导致企业在面对外部环境变化时难以有效应对，组织韧性水平较低。

第二，核心条件与边缘条件的组合对组织韧性有显著影响。研究表明，尽管组态 W3 下的企业具备一定的信息关联与连接、评估与判断以及资源耦合能力，但由于搜索与扫描、盈利性识别等其他条件的缺失，企业的组织韧性水平仍然较低。这意味着，组织韧性的形成不仅需要核心条件的具备，还需要边缘条件的支持。例如，智能设备制造业私营企业 N，虽然在信息评估与判断和资源整合方面表现较好，但由于创业者未能持续关注新的商业创意，且企业在相同类型资源整合方面的能力较弱，导致其组织韧性水平依然不高。

第三，对于非高组织韧性的新企业而言，在提升组织韧性的过程中，应优先对核心条件进行补足。研究结果表明，核心条件的缺失会给组织韧性带来显著的影响。因此，这类新企业在致力于提升组织韧性时，需要优先补足评估与判断、资源内聚、资源耦合以及可行性识别等核心条件。通过强化这些核心能力，企业能够更为有效地应对外部环境的变化，进而提升自身的组织韧性水平。

综上所述，非高组织韧性的新企业在提升组织韧性时，应当着重关注核心条件的补足，同时也要兼顾边缘条件的完善。通过增强信息评估与判断、资源整合以及机会识别等核心能力，新企业能够切实提升其组织韧性，从而更好地应对外部环境的变化与挑战。

第二节 管理启示

基于以上研究结论，本书得出以下三点管理启示：

第一，对于组织韧性水平较高的新企业来说，应加强企业对内外部资源的整合能力，整合更多有用的资源。对于当前新企业组织韧性水平达到 90% 以上的新企业来说，可以通过扩大自身对信息的搜索与扫描去获得更多的信息，同时加强市场机会的可行性识别，保证机会是可用的，有利于企业的可持续发展；最重要的是加强对资源的整合，继续提高资源的利用效率，完全打破资源对于新企业的约束。新企业可以基于 S1a 和 S1b 两种组态的模式，根据自身企业资源内聚和资源耦合能力的强弱进行选择，资源内聚能力弱则选择资源耦合能力进行补足，资源耦合能力弱则选择资源内聚能力进行补足。具体策略如下：维持动态的资源匹配和精准的机会识别是高组织韧性水平面临的核心挑战。对于这样的企业，建议借助跨部门的资源池化管理，建立一个灵活配置技术、人力等要素的资源协调小组。例如，技术人才可以通过搭建内部资源共享平台，对多个项目在危机中出现的突发事件做出快速反应。同时，强化机会筛选机制，构建"机会—资源—风险"的立体评价模式，是一项十分必要的工作。要求所有新建项目，为避免主观误判，必须经过三个阶段的审查，即技术可行性、资源匹配度、市场风险，并引入外部专家参与核实。此外，实时抓取行业政策、技术动向等关键信息，可部署AI驱动的市场情报系统。例如，通过与政府开放数据平台的对接，将信息优势转化为危机应对的决策优势，从而提前预测政策变化，调整研发方向。

第二，对于组织韧性水平处于中上水平的新企业来说，应侧重加强信息的搜索与扫描以及对机会的可行性识别，挖掘和发现更多有用的信息和机会。对于当前新企业组织韧性水平达到60%~80%的新企业来说，最重要的是创业者加强自身对信息的创业警觉性，同时加强市场机会的可行性识别，保证机会是可用的，为企业把握市场环境变化提供信息支撑。新企业可以基于S2和S3两种组态模式，根据自身企业信息储备，如果企业自身掌握的信息较少，需要加强对信息的搜索与扫描能力；如果企业自身掌握的信息足够，那么需要加强对自身信息的关联与连接能力，保证企业可以更加全面把握市场环境的变化。具体策略如下：突破机会识别和资源整合的协同瓶颈，是中等组织抗跌性水平的新企业实现能力跃升的关键。这类企业可以通过商业模拟沙盘的方式，实施企业家警觉性培养管理者专注于提升信息关联与连接能力，从海量信息中捕捉有效信号的能力。例如，跨界思维和模式迁移的方法，聘请行业导师来教。同时，要建立"机遇漏斗"的阶段性孵化机制：初期鼓励全员提交拓展信息源的机遇提案；随后，48小时的可行性初步筛选将由快速验证小组完成；最终，将通过的机遇提案，用市场的最低标准来检验。在资源整合上，建议推动模块化资源包的设计，对不同类型的资源进行模块化的分类，方便后期资源重组和调度。例如，可以通过建立标准化的代码库，对不同类型资源进行模块化配置，从而增强组织资源的敏捷性，缩短新产品开发周期。

第三，对于组织韧性较低的新企业来说，应该借鉴形成高组织韧性的条件组合，根据自身企业的实际情况对相应的能力进行补足，避免形成非高组织韧性的条件组合。基于组态W1~W3，可以分为两种情况：①创业警觉性、资源整合以及机会识别能力均比较低的情况下，会出现新企业的组织韧性较低的情况，此类新企业的组织韧性提升空间较大但难度也较高，可以重点先改善关键必要条件，即搜索与扫描能力及可行性识别能力，后续再针对其他条件进行补足。②新企业创业者对信息的关联与连接、评估与判断以及企业资源耦合能力较强，在其他前因条件较弱的情况下，会出现新企业的组织韧性较低的情况，此类新企业由于自身掌握的信息较少导致对信息关联与连接和评估判断能力得不到发挥，这种情况下最重要的就是提升对信息的搜索与扫描能力，扩充企业自身掌握的信息量。具体策略如下：低组织韧性水平的新企业如果要实现转型突破，那么需要系统性地补足基础能力并重构资源网络。建议优先启动"双基能力强化工程"，强制管理层每周参与客户实地走访，以此提升信息搜索与扫描（SS）能力。同时，建立机会识别"红绿灯"制度，要求所有决策必须附上可行性评分，如果评分低于阈值，那么自动冻结执行。针对资源整合薄弱的痛点，可采用"3+1"资源联盟模式。即与三家互补型企业签订资源互换协议，共享仓储或渠道资源，并绑定专业服务机构提供法务与财务支持。例如，通过加入产业创新联盟。对于信息处理能力失衡的企业，可分类实施能力跃迁。对于信息关联能力尚可但搜索能力不足的企业，可部署轻量化 CRM 系统，通过"信息拼图"周会训练团队从碎片数据推导商业趋势；而对于信息储备不足的企业，则需要购买行业数据库权限，并设置"信息贡献积分"机制，将数据录入量与绩效考核挂钩，以此构建信息积累的长效机制。

第三节　研究局限与展望

本书基于 Timmons 创业过程模型理论的观点，综合采用 NCA 和 fsQCA 研究方法，解构新企业组织韧性构建的多重并发因素以及复杂的因果关系，探讨了创业警觉性、资源整合与机会识别三类七个前因变量之间的交互作用路径以及如何联动影响新企业组织韧性，并识别新企业组织韧性的多元驱动路径。本书厘清了新企业组织韧性的可能构建机制，丰富和扩展了组织韧性的相关研究，也为新企业如何在 VUCA 创业情境下构建组织韧性提供了理论依据和实践启示意义。但是，本书还存在以下四个研究局限，有待后续研究进行更深入的探讨：

第一，由于研究团队资源有限，本书的 263 个新企业样本主要集中东部地区，调研样本的区域覆盖范围存在局限性，在一定程度上削弱了研究结论的可推广性和适用性，数据分析所得的结论和识别的路径在其他省份是否适用有待进一步商榷。因此，未来研究应该扩大数据收集的范围，针对东部、西部和中部各地区均收集一定数量的样本，丰富研究样本的地区多样性，并且可以针对不同地区的样本进行数据检验和对比分析，进行更为广泛和更深度的研究，从而拓宽研究结论的适用范围。并且本书研究的样本选取的是新企业，涉及多个行业，组态分析的研究结果仅仅能反映普遍规律，未来研究可以选择典型行业的企业样本，例如，数字创业企业、专精特新企业、行业独角兽、后发追赶企业、服务行业等，利用组态分析方法解析特定行业下新企业组织韧性的构建路径，从而使研究结论和实践启示更具备针对性和有效性。

第二，本书研究采用静态的横截面数据探讨了创业警觉性、资源整合、机会识别对新企业组织韧性的协同影响效应，但是并未采用跨时期的企业案例样本数据展开研究，研究结论难以解释三个前因条件与新企业组织韧性之间的动态关系，这使研究在时效上的适用性存在缺陷和不足。根据寿命周期理论的观点，不同发展阶段的组织特征演变将导致企业在管理结构、目标、战略模式和面临的问题等方面都存在明显的差异。在创建阶段，企业在"新"和"小"方面的劣势表现更为突出，他们所具备的资源基础是极其有限的，创业者面临的核心问题是资源获取与整合从而利用商业机会；随着企业进入成长阶段，产品/服务受到市场的认可，组织规模和销售收入不断增加，管理的重点从创建期的短期生存向长期发展转变，战略目标更多侧重于如何发现发展机会以扩大企业的市场竞争力和价值创造力（汤淑琴等，2015）。因此，在新企业的不同发展阶段，三个前因条件之间的交互作用及其对新企业组织韧性的影响是动态且复杂的，在新企业的不同发展阶段可能存在不同的影响机制和驱动路径组态。因此未来研究可以采用定性比较分析法（TQCA）或者与其他纵向研究方法结合的形式引入跨时期的企业案例样本，通过纵向案例跟踪研究方法，探索不同时期实现高组织韧性条件组态的变化和差异以及变化产生的原因，从而更好地解释三个前因条件对新企业组织韧性的深层次理论原理。

第三，尽管采用 fsQCA 方法进行组态分析能够弥补回归分析方法的缺陷与不足，但是在解释新企业组织韧性构建的"为什么"与"怎样做"等问题上依然解释力度不足。虽然在实证分析部分对非高组织韧性的各条件组态进行了案例分析，但是并未对案例企业进行深入的解析。未来研究可以选取典型的新企业作为分析对象，进行深度、全面的纵向案例访谈与研究，进一步挖掘新企业组织韧性构建过程中多个前因条件之间的相互关系，不同前因条件组合对新企业组织韧性的作用路径以及内在原因；同时通过与创业者、高层管理者进行深度访谈，能够识别出更多可能影响新企业组织韧性的关键因素，进而丰富和深化组织韧性的相关理论。

第四，本书研究重点关注了创业警觉性、资源整合与机会识别等内部因素对新企业组织韧性的影响，但是新企业在创建和发展过程中，外部环境因素也起到了至关重要的影响作用。本书研究缺乏对外部政策环境、创业文化环境、平台嵌入、创新生态系统等外部因素的思考，未来研究应该尝试将外部环境相关的条件因素纳入模型，系统分析外部环境与组织内部因素之间的交互效应及其对新企业组织韧性的驱动机制，进行更深入的组织韧性研究。

参考文献

［1］ Amit R, Schoemaker P J. Strategic assets and organizational rent ［J］. Strategic Management Journal, 1993, 14 （1）: 33-46.

［2］ Ardichvili A, Cardozo R N. A model of the entrepreneurial opportunity recognition process ［J］. Journal of Enterprising Culture, 2000, 8 （2）: 103-119.

［3］ Ardichvili A, Cardozo R, Ray S. A theory of entrepreneurial opportunity identification and development ［J］. Journal of Business Venturing, 2003, 18 （1）: 105-123.

［4］ Aidis R, Estrin S, Mickiewicz T. Institutions and entrepreneurship development in Russia: A comparative perspective ［J］. Journal of Business Venturing, 2008, 23 （6）: 656-672.

［5］ Anwar A, Coviello N, Rouziou M. Weathering a crisis: A multi-level analysis of resilience in young ventures ［J］. Entrepreneurship Theory and Practice, 2021 （61）: 1-29.

［6］ Amir-Aslani A, Negannsi S. Is technology integration the solution to biotechnology's low research and development productivity? ［J］. Technovation, 2006, 26 （5-6）: 573-582.

［7］ Andersson T, Cäker M, Tengblad S, et al. Building traits for organizational resilience through balancing organizational structures ［J］. Scandinavian Journal of Management, 2019, 35 （1）: 36-45.

［8］ Barney J. Firm resources and sustained competitive advantage ［J］. Journal of Management, 1991, 17 （1）: 3-10.

［9］ Brush C, Greene, P G, Hart M M. From initial idea to unique advantage: The entrepreneurial challenge of constructing a resource base [J]. The Academy of Management Executive, 2001, 15 (1): 64-78.

[10] Bartuseviciene I, Rakauskiene O G, Valackiene A. Assessing the resilience of organizations in the context of uncertainty [J]. Measuring Business Excellence, 2023, 27 (2): 211-226.

[11] Boso N, Adeleye I, Donbesuur F, et al. Do entrepreneurs always benefit from business failure experience? [J]. Journal of Business Research, 2019 (98): 370-379.

[12] Brettel M, Mauer R, Engelen A, et al. Corporate effectuation: Entrepreneurial action and its impact on R&D project performance [J]. Journal of Business Venturing, 2012, 27 (2): 167-184.

[13] Buyl T, Boone C, Wade J B. CEO narcissism, risk-taking, and resilience: An empirical analysis in US commercial banks [J]. Journal of Management, 2019, 45 (4): 1372-1400.

[14] Bocconcelli R, Carlborg P, Harrison D, et al. Resource interaction and resource integration: Similarities, differences, reflections [J]. Industrial Marketing Management, 2020 (91): 385-396.

[15] Bandura A. Self-efficacy: The exercise of control [J]. Choice Reviews Online, 1997, 35 (3): 35-1826.

[16] Baron R A. Opportunity recognition as pattern recognition: How entrepreneurs "connect the dots" to identify new business opportunities [J]. Academy of Management Perspectives, 2006, 20 (1): 104-119.

[17] Baker T, Nelson R E. Creating something from nothing: Resource construction through entrepreneurial bricolage [J]. Administrative Science Quarterly, 2005, 50 (3): 329-366.

[18] Bhave M P. A process model of entrepreneurial venture creation [J]. Journal of Business Venturing, 1994, 9 (3): 223-242.

[19] Christmann P. Effects of "best practices" of environmental management on cost advantage: The role of complementary assets [J]. Academy of Management Journal, 2000, 43 (4): 663-680.

[20] Chen R, Xie Y, Liu Y. Defining conceptualizing, and measuring organiza-

tional resilience：A multiple case study ［J］. Sustainability，2021，13（5）：2517.

［21］ Cording M，Christmann P，King R D. Reducing causal ambiguity in acquisition integration：Intermediate goals as mediators of integration decisions and acquisition performance ［J］. The Academy of Management Journal，2008，51（4）：744-767.

［22］ Cotta D，Salvador F. Exploring the antecedents of organizational resilience practices—A transactive memory systems approach ［J］. International Journal of Operations，2020，40（9）：1531-1559.

［23］ Dai L，Eden L，Beamish P W. Caught in the crossfire：Dimensions of vulnerability and foreign multinationals' exit from warafflicted countries ［J］. Strategic Management Journal，2017，38（7）：1478-1498.

［24］ Danes S M，Lee J，Amarapurkar S. ，Stafford K，et al. Determinants of family business resilience after a natural disaster by gender of business owner ［J］. Journal of Developmental Entrepreneurship，2009（14）：333-354.

［25］ Desa G，Basu S. Optimization or bricolage? Overcoming resource constraints in global social entrepreneurship ［J］. Strategic Entrepreneurship Journal，2013，7（1）：26-49.

［26］ Deakins D，Freel M. Entrepreneurial learning and the growth process in SMEs ［J］. Learning Organization an International Journal，1998，5（3）：144-155.

［27］ Des Jardine M，Bansal P，Yang Y. Bouncing back：Building resilience through social and environmental practices in the context of the 2008 global financial crisis ［J］. Journal of Management，2019，45（4）：1434-1460.

［28］ Duchek S. Organizational resilience：A capability-based conceptualization ［J］. Business Research，2020，13（1）：215-246.

［29］ Dul J. Necessary condition analysis（NCA）logic and methodology of "necessary but not sufficient" causality ［J］. Organizational Research Methods，2016，19（1）：10-52.

［30］ Florez-Jimenez M P，Lleo A，Ruiz-Palomino P，et al. Corporate sustainability，organizational resilience，and corporate purpose：A review of the academic traditions connecting them ［J］. Review of Managerial Science，2024，9（1）：1-38.

［31］ Foo M D，Uy M A，Murnieks C. Beyond affective valence：Untangling valence and activation influences on opportunity identification [J]. Entrepreneurship Theory and Practice, 2015, 39 (2): 407-431.

[32] Grant R M. The resource-based theory of competitive advantage: Implications for strategy formulation [J]. California Management Review, 1991, 33 (3): 114-135.

[33] Granovetter M S. The strength of weak ties [J]. American Journal of Sociology, 1973, 78 (6): 1360-1380.

[34] Gittell J H, Cameron K, Lim S, et al. Relationships, layoffs, and organizational resilience: Airline industry responses to September 11 [J]. The Journal of Applied Behavioral Science, 2006, 42 (3): 300-329.

[35] Gruber M, MacMillan I C, Thompson J D. Look before you leap: Market opportunity identification in emerging technology firms [J]. Management Science, 2008, 54 (9): 1652-1665.

[36] Gielnik M M, Frese M, Graf J M, Kampschulte A. Creativity in the opportunity identification process and the moderating effect of diversity of information [J]. Journal of Business Venturing, 2012, 27 (5): 559-576.

[37] Gaglio M C, Katz A J. The psychological basis of opportunity identification: Entrepreneurial alertness [J]. Small Business Economics, 2001, 16 (2): 95-111.

[38] Gayed S, Ebrashi R E. Fostering firm resilience through organizational ambidexterity capability and resource availability: Amid the COVID-19 outbreak [J]. International Journal of Organizational Analysis, 2023, 31 (1): 253-275.

[39] Ge B, Dong B. Resource integration process and venture performance: Based on the contingency model of resource integration capability [C]. International Conference on Management Science and Engineering 15th Annual Conference Proceedings, IEEE, 2008: 291-297.

[40] Gartner W B. A conceptual framework for describing the phenomenon of new venture creation [J]. Academy of Management Review, 1985, 10 (4): 696-706.

[41] Gregoire D A, Shepherd D A, Schurer L L. Measuring opportunity-recognition beliefs: Illustrating and validating an experimental approach [J]. Organizational Research Methods, 2010, 13 (1): 114-145.

［42］ González M F, Husted B W, Aigner D J. Opportunity discovery and crea-tion in social entrepreneurship: An exploratory study in Mexico ［J］. Journal of Busi-ness Research, 2017 (81): 212-220.

［43］ Hsieh R M, Kelley D J. The role of cognition and information access in the recognition of innovative opportunities ［J］. Journal of Small Business Management, 2016 (54): 297-311.

［44］ Hansen D J, Shrader R, Monllor J. Defragmenting definitions of entrepre-neurial opportunity ［J］. Journal of Small Business Management, 2011, 49 (2): 283-304.

［45］ Indrawati N K, Salim U, Djumahir, et al. Moderation effects of entrepre-neurial self-efficacy in relation between environmental dimensions and entrepreneurial alertness and the effect on entrepreneurial commitment ［J］. Procedia-Social and Be-havioral Sciences, 2015 (169): 13-22.

［46］ Ireland R D, Covin J G, Kuratko D F. Conceptualizing corporate entrepre-neurship strategy ［J］. Entrepreneurship Theory and Practice, 2009, 33 (1): 19-46.

［47］ Jang S, Park J S, Choi Y T. Organizational resource and resilience in tourism ［J］. Annals of Tourism Research, 2022 (93): 13-32.

［48］ Kaish S, Gilad B. Characteristics of opportunities search of entrepreneurs versus executives: Sources, interests, general alertness ［J］. Journal of Business Ven-turing, 1991, 6 (1): 45-61.

［49］ Kahn W A, Barton M A, Fisher C M, et al. The geography of strain: Or-ganizational resilience as a function of intergroup relations ［J］. The Academy of Man-agement Review, 2018, 43 (3): 509-529.

［50］ Kantur D, Say A I. Measuring organizational resilience: A scale develop-ment ［J］. Journal of Business Economics Finance, 2015, 4 (3): 456-472.

［51］ Kirzner I M. Perception, opportunity and profit ［M］. Chicago, IL: Uni-versity of Chicago Press, 1979.

［52］ Kraaijenbrink J, Wijnhoven F, Groen A. Towards a kernel theory of exter-nal knowledge integration for high-tech firms: Exploring a failed theory test ［J］. Tech-nological Forecasting and Social Change, 2007, 74 (8): 1215-1233.

［53］ Ko S, Butler J E. Creativity: A key link to entrepreneurial behavior ［J］.

Business Horizons, 2007, 50 (5): 365-372.

[54] Kuckertz A, Kollmann T, Krell P, et al. Understanding, differentiating, and measuring opportunity recognition and opportunity exploitation [J]. International Journal of Entrepreneurial Behavior & Research, 2017, 23 (1): 78-97.

[55] Lumpkin G T, Lichtenstein B B. The role of organizational learning in the opportunity-recognition process [J]. Entrepreneurship Theory and Practice, 2005, 29 (4): 451-472.

[56] Liu X, Zhang D. Research on impact mechanism of organizational resilience on sustainable competitive advantage of enterprises [J]. Sustainability, 2024 (16): 6954.

[57] Lengnick-Hall C A, Beck T E, Lengnick-Hall M L. Developing a capacity for organizational resilience through strategic human resource management [J]. Human Resource Management Review, 2011, 21 (3): 243-255.

[58] Linnenluecke M K. Resilience in business and management research: A review of influential publications and a research agenda [J]. International Journal of Management Reviews, 2017, 19 (1): 4-30.

[59] Ma Z, Xiao L, Yin J. Toward a dynamic model of organizational resilience [J]. Nankai Business Review International, 2018, 9 (3): 246-263.

[60] Ma B, Zhang J. Tie strength, organizational resilience and enterprise crisis management: An empirical study in pandemic time [J]. International Journal of Disaster Risk Reduction. 2022 (81): 103240.

[61] Mallak L. Measuring resilience in health care provider organizations [J]. Health Manpower Management, 1998 (24): 148-152.

[62] McManus S, Seville E, Vargo J, et al. Facilitated process for improving organizational resilience [J]. Natural Hazards Review, 2008, 9 (2): 81-90.

[63] Miller D, Shamsie J. The resource-based view of the firm in two environments: The Hollywood film studios from 1936 to 1965 [J]. Academy of Management Journal, 1996, 39 (3): 519-543.

[64] Milgrom P, Roberts J. Complementarities and fit strategy, structure, and organizational change in manufacturing [J]. Journal of Accounting and Economics, 1995, 19 (2-3): 179-208.

[65] Mitchell R K, Mitchell J R, Smith J B. Inside opportunity formation: Enterprise failure, cognition, and the creation of opportunities [J]. Strategic Entrepreneurship Journal, 2008, 2 (3): 225-242.

[66] Mitchell J R, Shepherd D A. To thine own self be true: Images of self, images of opportunity, and entrepreneurial action [J]. Journal of Business Venturing, 2010, 25 (1): 138-154.

[67] Mzid I, Khachlouf N, Soparnot R. How does family capital influence the resilience of family firms? [J]. Journal of International Entrepreneurship, 2019, 17 (2): 249-277.

[68] Meyer A D. Adapting to environmental jolts [J]. Administrative Science Quarterly, 1982, 27 (4): 515-537.

[69] Mota R O, Bueno A, Gonella J S L, et al. The effects of the COVID-19 crisis on startups' performance: The role of resilience [J]. Management Decision, 2022, 60 (12): 3388-3415.

[70] Ozgen E, Baron R A. Social sources of information in opportunity recognition: Effects of mentors, industry networks, and professional forums [J]. Journal of Business Venturing, 2007, 22 (2): 174-192.

[71] Ortiz-de-Mandojana N, Bansal P. The long-term benefits of organizational resilience through sustainable business practices [J]. Strategic Management Journal, 2016, 37 (8): 1615-1631.

[72] Penrose E T. The theory of the growth of the firm [M]. New York: John Wiley, 1959.

[73] Podsakoff P M, Organ D W. Self-reports in organizational research: Problems and prospects [J]. Journal of Management, 1986, 12 (4): 531-544.

[74] Pelham A M. Influence of environment, strategy, and market orientation on performance in small manufacturing firms [J]. Journal of Business Research, 1999, 45 (1): 33-46.

[75] Priem R L, Butler J E. Is the resource-based "view" a useful perspective for strategic management research? [J]. Academy of Management Review, 2001, 26 (1): 22-40.

[76] Rajala A, Hautala-Kankaanpää T. Exploring the effects of SMEs' plat-

form-based digital connectivity on firm performance-the moderating role of environmental turbulence [J]. Journal of Business & Industrial Marketing, 2023, 38 (13): 15-30.

[77] Roundy P T, Harrison D A, Khavul S, et al. Entrepreneurial alertness as a pathway to strategic decisions and organizational performance [J]. Strategic Organization, 2018, 16 (2): 192-226.

[78] Ren S, Shu R, Bao Y, et al. Linking network ties to entrepreneurial opportunity discovery and exploitation: The role of affective and cognitive trust [J]. International Entrepreneurship and Management Journal, 2016 (12): 465-485.

[79] Ragin C C, Strand S I. Using qualitative comparative analysis to study causal order comment on Caren and Panofsky (2005) [J]. Sociological Methods & Research, 2008 (36): 431-441.

[80] Spector P E. Method variance in organizational research: Truth or urban legend? [J]. Organizational Research Methods, 2006, 9 (2): 221-232.

[81] Salonen A, Jaakkola E. Firm boundary decisions in solution business: Examining internal vs. external resource integration [J]. Industrial Marketing Management, 2015 (51): 171-183.

[82] Schneider C Q, Wagemann C. Set - theoretic methods for the social sciences: A guide to qualitate comparative analysis [M]. Cambridge University Press, 2012.

[83] Sirmon D G, Hitt M A, Ireland R D. Managing firm resources in dynamic environments to create value: Looking inside the black box [J]. Academy of Management Review, 2007, 32 (1): 273-292.

[84] Shepherd D A, DeTienne D R. Prior knowledge, potential financial reward, and opportunity identification [J]. Entrepreneurship Theory and Practice, 2005, 29 (1): 91-112.

[85] Sirmon D G, Hitt M A, Ireland R D, et al. Resource orchestration to create competitive advantage: Breadth, depth, and life cycle effects [J]. Social Science Electronic Publishing, 2011, 37 (5): 1390-1412.

[86] Simon M, Houghton S M, Aquino K. Cognitive biases, risk perception, and venture formation: How individuals decide to start companies [J]. Journal of Business

Venturing, 2000, 15 (2): 113-134.

[87] Somers S. Measuring resilience potential: An adaptive strategy for organizational crisis planning [J]. Journal of Contingencies and Crisis Management, 2009, 17 (1): 12-23.

[88] Sonenshein S, Nault K. When the symphony does jazz: How resourcefulness fosters organizational resilience during adversity [J]. Academy of Management Journal, 2024, 67 (3): 648-678.

[89] Senyard J, Baker T, Steffens P, et al. Bricolage as a path to innovativeness for resource-constrained new firms [J]. Journal of Product Innovation Management, 2014, 31 (2): 211-230.

[90] Samuelsson M. Modeling the nascent venture opportunity exploitation process across time [J]. Social Science Electronic Publishing, 2009 (26): 37-56.

[91] Saemundsson R, Dahlstrand A L. How business opportunities constrain young technology-based firms from growing into medium-sized firms [J]. Small Business Economics, 2005, 24 (2): 113-129.

[92] Smith B R, Matthews C H, Schenkel M T. Differences in entrepreneurial opportunities: The role of tacitness and codification in opportunity identification [J]. Journal of Small Business Management, 2009, 47 (1): 38-57.

[93] Schoonhoven C B, Romanelli E. The entrepreneurship dynamic: Origins of entrepreneurship and the evolution of industries [M]. Stanford Calif Stanford University Press, 2001.

[94] Shane, S., Prior knowledge and the discovery of entrepreneurial opportunities [J]. Organization Science, 2000, 11 (4): 448-469.

[95] Shane S, Venkataraman S. The promise of entrepreneurship as a field of research [J]. Academy of Management Journal, 2000, 25 (1): 217-226.

[96] Timmons, J A. New venture creation [M]. 5 th Ed. Singapore: McGraw-Hill, 1999.

[97] Teece D J. Explicating dynamic capabilities: The nature and microfoundations of (sustainable) enterprise performance [J]. Strategic Management Journal, 2007, 28 (13): 1319-1350.

[98] Teece D J. Reflections on profiting from innovation [J]. Research Policy,

2006, 35 (8): 1131-1146.

[99] Tang J T, Kacmar K. M. M. K, Busenitz L. Entrepreneurial alertness in the pursuit of new opportunities [J]. Journal of Business Venturing, 2012, 27 (1): 77-94.

[100] Tang J, Zhang S X, Lin S. To reopen or not to reopen? How entrepreneurial alertness influences small business reopening after the COVID-19 lockdown [J]. Journal of Business Venturing Insights. 2021 (16): e00275.

[101] Tumasjan A, Welpe I, Spörrle M. Easy now, desirable later: The moderating role of temporal distance in opportunity evaluation and exploitation [J]. Entrepreneurship Theory and Practice, 2013, 37 (4): 859-888.

[102] Valliere D. Towards a schematic theory of entrepreneurial alertness [J]. Journal of Business Venturing, 2013, 28 (4): 30-42.

[103] Vandor P, Franke N. See Paris and found a business? The impact of cross-cultural experience on opportunity recognition capabilities [J]. Journal of Business Venturing, 2016, 31 (4): 388-407.

[104] Wernerfelt B. A resource-based view of the firm [J]. Strategic Management Journal, 1984, 5 (2): 171-180.

[105] Ucbasaran D, Westhead P, Wright M. The extent and nature of opportunity identification by experienced entrepreneurs [J]. Journal of Business Venturing, 2009, 24 (2): 99-115.

[106] Waerder R, Thimmel S, Englert B, et al. The Role of nonprofit-private collaboration for nonprofits' organizational resilience [J]. International Journal of Voluntary and Nonprofit Organizations, 2022 (23): 1-13.

[107] Wong A D. New venture creation and its evolvement [J]. Euro Management Journal, 1993, 13 (45): 269-334.

[108] Williams T A, Gruber D A, Sutcliffe K M, et al. Organizational response to adversity: Fusing crisis management and resilience research streams [J]. Academy of Management Annals, 2017, 11 (2): 733-769.

[109] Williams T A, Shepherd D A. Building resilience or providing sustenance: Different paths of emergent ventures in the aftermath of the Haiti earthquake [J]. Academy of Management Journal, 2016, 59 (6): 2069-2102.

［110］Yuan R, Luo J, Liu M J, et al. Understanding organizational resilience in a platform-based sharing business：The role of absorptive capacity ［J］. Journal of Business Research, 2022（141）：85-99.

［111］YahiaMarzouk, Y, Jin J F. An integrative framework for building organizational resilience through environmental scanning：A view of organizational information processing theory ［J］. Management Research Review, 2023, 46（7）：1016-1042.

［112］Zahra S A, Nielsen A P, Bogner W C. Corporate entrepreneurship, knowledge, and competence development ［J］. Entrepreneurship Theory and Practice, 1999, 23（3）：169-189.

［113］Zahra S A, Korri J S, Yu J F. Cognition and international entrepreneurship：Implications for research on international opportunity recognition and exploitation ［J］. International Business Review, 2005, 14（2）：129-146.

［114］蔡莉, 尹苗苗. 新创企业学习能力、资源整合方式对企业绩效的影响研究 ［J］. 管理世界, 2009（10）：1-10.

［115］蔡宁, 吴结兵. 企业集群的竞争优势：资源的结构性整合 ［J］. 中国工业经济, 2002（7）：45-50.

［116］蔡义茹, 蔡莉, 陈姿颖, 杨亚倩. 创业机会与创业情境：一个整合研究框架 ［J］. 外国经济与管理, 2022, 44（4）：18-33.

［117］蔡林, 郭桂萍. 先验知识对大学生创业机会识别的影响：创业自我效能感和创业警觉性的链式中介作用 ［J］. 创新与创业教育, 2019, 10（5）：35-40.

［118］查尔斯·C·拉金. 重新设计社会科学研究：模糊集及超越 ［M］. 杜运周, 译. 北京：机械工业出版社, 2019.

［119］陈晓萍, 沈伟. 组织与管理研究的实证方法（第三版）［M］. 北京：北京大学出版社, 2018.

［120］陈晓萍, 徐淑英, 樊景立. 组织与管理研究的实证方法 ［M］. 北京：北京大学出版社, 2008.

［121］陈收, 施秀搏, 吴世园. 互补资源与创新资源协同对企业绩效的影响——环境动态性的调节作用 ［J］. 系统工程, 2015, 33（1）：61-67.

［122］陈敏灵, 毛蕊欣. 创业警觉性、资源拼凑与创业企业绩效的关系 ［J］. 华东经济管理, 2021, 35（7）：46-55.

[123] 陈冲，杨自伟，王贝贝，等．坚韧型领导：多维度结构、测量与组织韧性影响验证［J］．管理科学，2023，36（3）：51-65．

[124] 陈海涛．机会特征对新企业绩效影响的实证研究——战略导向为路径的视角［J］．社会科学战线，2011（11）：250-251．

[125] 陈红川，魏璐璐，李云健，韦璐青．管理创新如何影响企业竞争优势——新冠疫情冲击下组织韧性与政府支持的作用［J］．广东财经大学学报，2021（5）：90-102．

[126] 陈云川，张晓敏，雷轶．初创企业的知识搜索对创业机会识别影响机制——基于企业数字化能力的中介作用［J］．科技管理研究，2024，44（3）：135-143．

[127] 陈娟艺．新创企业创业身份、战略决策导向与创新型机会识别关系研究［D］．吉林大学博士学位论文，2019．

[128] 陈源波．粤港澳大湾区大学生创业机会识别的影响因子研究［J］．漯河职业技术学院学报，2021，20（1）：27-29．

[129] 迟考勋，邵月婷．商业模式创新、资源整合与新创企业绩效［J］．外国经济与管理，2020，42（3）：3-16．

[130] 程恋军，王琳茜．定性比较分析（QCA）中的稳健性研究：分析策略与未来方向［J］．中国人力资源开发，2025，42（1）：19-40．

[131] 董保宝，葛宝山，王侃．资源整合过程、动态能力与竞争优势：机理与路径［J］．管理世界，2011（3）：92-101．

[132] 丁宝，田丹．VUCA情境下企业韧性的影响因素与作用效果［J］．科学决策，2024（12）：190-214．

[133] 杜运周，李佳馨，刘秋辰，等．复杂动态视角下的组态理论与QCA方法：研究进展与未来方向［J］．管理世界，2021，37（3）：180-197．

[134] 杜运周，贾良定．组态视角与定性比较分析（QCA）：管理学研究的一条新道路［J］．管理世界，2017（6）：155-167．

[135] 杜晓利．富有生命力的文献研究法［J］．上海教育科研，2013（10）：1-3．

[136] 邓渝．资源整合对突破性创新的影响研究——联盟伙伴竞争的调节作用［J］．管理评论，2019，31（11）：71-79．

[137] 段升森，迟冬梅，张玉明．信念的力量：工匠精神对组织韧性的影响

研究 [J]. 外国经济与管理, 2021, 43 (3): 57-71.

[138] 付丙海, 谢富纪, 韩雨卿. 创新链资源整合、双元性创新与创新绩效: 基于长三角新创企业的实证研究 [J]. 中国软科学, 2015 (12): 176-186.

[139] 范旭, 梁碧婵. 机会识别和双元性战略组合协同作用下科技型中小企业的创新模式演进 [J]. 管理学报, 2021, 18 (6): 873-883.

[140] 郭军盈, 张蕴, 许强. 创新机制对农民创业的影响力研究 [J]. 陕西农业科学, 2008 (3): 185-187.

[141] 郭红东, 丁高洁. 社会资本、先验知识与农民创业机会识别 [J]. 华南农业大学学报 (社会科学版), 2012, 11 (3): 78-85.

[142] 郭韬, 李盼盼, 乔晗. 技术创业企业商业模式创新前因的组态效应 [J]. 科研管理, 2021, 42 (1): 1-9.

[143] 高洋. 创业机会资源一体化开发行为研究 [M]. 北京: 经济科学出版社, 2014.

[144] 高洋, 薛星群, 葛宝山. 机会资源一体化、网络关系与创业绩效 [J]. 科学学研究, 2019, 37 (12): 2211-2221.

[145] 高小锋, 魏凤. 创业机会对农民新创企业绩效的影响研究 [J]. 华南农业大学学报 (社会科学版), 2013, 12 (4): 66-71.

[146] 葛宝山, 高洋, 蒋大可. Timmons 的思想演变及其贡献: 对创业学的再思考 [J]. 科学学研究, 2013, 31 (8): 1207-1215.

[147] 葛宝山, 王浩宇. 资源整合、创业学习与创新研究 [J]. 南方经济, 2017 (3): 57-70.

[148] 郭培民, 王富荣. 企业资源分类及保护管理 [J]. 经济管理, 2000 (9): 24-26.

[149] 郭彤梅, 陈红, 武嘉欣, 李楠. 非沉淀性冗余资源如何影响组织韧性——来自中国制造业上市公司的证据 [J]. 贵州财经大学学报, 2024 (3): 51-61.

[150] 郝喜玲, 涂玉琦, 刘依冉, 等. 失败情境下创业韧性的研究框架构建 [J]. 外国经济与管理, 2020, 42 (1): 30-41.

[151] 郝喜玲, 吴明椿, 朱兆珍, 等. 失败恐惧对创业韧性的影响机制研究 [J]. 管理学报, 2024, 21 (9): 1354-1361.

[152] 黄传超, 胡斌. 基于复杂网络的企业关系网络的弹性研究 [J]. 中国

管理科学，2014，22（S1）：686-90.

［153］胡瑞，冯燕，孙山．认知灵活性对大学生创业意向的影响机制：基于链式中介效应的实证研究［J］．教育发展研究，2020，40（9）：78-84.

［154］胡洪浩，王重鸣．创业警觉研究前沿探析与未来展望［J］．外国经济与管理，2013，35（12）：11-19.

［155］韩荣荣，王昱人，邱玉．创业警觉性、创业机会识别与民族地区新创企业绩效——研究述评及展望［J］．河北企业，2021（9）：48-51.

［156］侯曼，弓嘉悦，冯海利．组织韧性、企业竞争力对企业高质量发展的影响——基于环境不确定性的调节［J］．科技管理研究，2024，44（17）：168-179.

［157］姜忠辉，王枭扬，罗均梅．创业自我效能感与创新机会识别：一个有调节的中介模型［J］．科技管理研究，2022，42（8）：156-162.

［158］蒋兵，李振宁，张力元．新创企业的创业警觉、创业拼凑对创业机会识别的影响研究［J］．中国软科学，2023（4）：130-140.

［159］贾军，张卓，张伟．互补资产协同对企业绩效影响研究——技术关联的调节作用［J］．科研管理，2013，34（10）：84-93.

［160］蒋豪，路正南，朱东旦．创业者外部关系构建与初创企业创新绩效：机会能力视角［J］．科技进步与对策，2019，36（8）：110-114.

［161］焦豪，王林，刘斯琪．CEO时间焦点、注意力配置与企业韧性［J］．经济管理，2024，46（7）：91-108.

［162］李振华，刘迟，吴文清．孵化网络结构社会资本、资源整合能力与孵化绩效［J］．科研管理，2019，40（9）：190-198.

［163］李平，竺家哲．组织韧性：最新文献评述［J］．外国经济与管理，2021，43（3）：25-41.

［164］李宇，王竣鹤．学习和忘却、组织韧性与企业数字化能力获取研究［J］．科研管理，2022，43（6）：74-83.

［165］刘洪德，邹国平，李盼盼．创新机会识别对装备制造企业创新能力的影响——兼论区域政策法律环境的调节作用［J］．理论探讨，2019（2）：122-125.

［166］卢山，徐二明．转型期企业创业的一个综合研究模型［J］．福建论坛（人文社会科学版），2006（3）：82-86.

[167] 刘玥伶，彭学兵，牛贵如．创业资源整合对新创企业绩效的影响：资源整合能力的中介作用 [J]．人类工效学，2018，24（4）：19-23.

[168] 刘洋，张宸铭，冯亚娟．动态环境下正念型领导如何提高员工工作绩效 [J]．华东经济管理，2021，35（12）：120-128.

[169] 刘刚．创业警觉多维性、转型环境动态性与创业企业商业模式创新 [J]．管理学报，2019，16（10）：1507-1515.

[170] 刘刚，孔文彬．商业模式执行与新创企业绩效——基于内部资源与外部网络整合的视角 [J]．外国经济与管理，2021，43（12）：68-84.

[171] 路锦怡，徐建华，孙宣．问卷调查法的设计与实施及其在图书馆学领域的规范应用 [J]．图书情报工作，2024，68（11）：4-13.

[172] 路江涌，相佩蓉．危机过程管理：如何提升组织韧性？[J] 外国经济与管理，2021，43（3）：3-24.

[173] 林嵩，张帏，姜彦福．创业机会的特征与新创企业的战略选择——基于中国创业企业案例的探索性研究 [J]．科学学研究，2006（2）：268-272.

[174] 罗辉道，项保华．资源概念与分类研究 [J]．科研管理，2005（4）：99-104.

[175] 鲁喜凤．机会创新性、知识获取对企业绩效的影响研究——以科技型企业为例 [J]．情报科学，2017，35（5）：160-164.

[176] 鲁喜凤，郭海．机会创新性、资源整合与新企业绩效关系 [J]．经济管理，2018，40（10）：44-57.

[177] 刘高勇，汪会玲．企业信息资源整合的推进模式分析 [J]．科技进步与对策，2006（8）：149-151.

[178] 李姗姗，黄群慧．组织适应理论视角下创业企业组织韧性的培育模式研究 [J]．当代财经，2023（8）：83-94.

[179] 李乾文，曹佳颖．创业企业组织韧性培育路径研究 [J]．现代经济探讨，2021（11）：107-115.

[180] 吕斯尧，赵文红，杨特，等．新创企业资源获取如何转化为创新绩效：一个有中介的调节作用模型 [J]．科学学与科学技术管理，2021，42（10）：139-158.

[181] 梁祺，张纯．社会网络影响个体创业意图的传导机制研究 [J]．管理评论，2017，29（4）：59-67.

［182］梅胜军，薛宪方，奉小斌．创业警觉性对创业者危机感知的影响研究：信息搜索的作用角色［J］．人类工效学．2014，20（1）：31-35.

［183］马世洪．创业素养：大学生成功创业的必备素养［J］．创新与创业教育，2020，11（1）：32-37.

［184］马鸿佳．创业环境、资源整合能力与过程对新创企业绩效的影响研究［D］．吉林大学博士学位论文，2008.

［185］孟卫东，杨伟明．联盟组合中资源整合、双元合作与焦点企业绩效关系研究［J］．科学学与科学技术管理，2018，39（2）：85-94.

［186］买忆媛，徐承志．工作经验对社会企业创业资源整合的影响［J］．管理学报，2012，9（1）：82-88.

［187］梅强，顾加慧，徐占东．创业警觉性在社会网络与大学生创业意向间的中介作用——人格特质的调节［J］．技术经济，2020，39（3）：169-179.

［188］苗青．基于规则聚焦的公司创业机会识别与决策机制研究［D］．浙江大学博士学位论文，2006.

［189］苗青．企业家的认知特征对机会识别的影响方式研究［J］．人类工效学，2007（4）：8-11.

［190］苗青．创业决策形成的微观机制：因果模型检验［J］．科学学研究，2009，27（3）：430-434.

［191］彭伟，符正平．联盟网络、资源整合与高科技新创企业绩效关系研究［J］．管理科学，2015，28（3）：26-37.

［192］彭学兵，陈璐露，刘玥伶．创业资源整合、组织协调与新创企业绩效的关系［J］．科研管理，2016，37（1）：110-118.

［193］彭学兵，王乐，刘玥伶，等．效果推理决策逻辑下创业资源整合与新创企业绩效的关系研究［J］．管理评论，2019，31（8）：123-131.

［194］彭中文，张双杰，韩茹．高管团队特征、创新机会识别与高科技企业成长［J］．华东经济管理，2018，32（9）：173-177.

［195］钱悦，温雅，孙亚程．乌卡环境下如何提升组织韧性——基于组织学习的视角［J］．南开管理评论，2024，27（2）：38-52.

［196］饶扬德．企业资源整合过程与能力分析［J］．工业技术经济，2006（9）：72-74.

［197］宋剑锋，王笛，孙秀梅．跨界搜寻对新创科技企业绩效的影响——资

源拼凑的中介作用 [J]. 北京理工大学学报（社会科学版），2022，24（3）：181-188.

[198] 孙国强，杨晶，闫绪娴. 网络嵌入、知识搜索与组织韧性——数字化转型的调节作用 [J]. 科学决策，2021（11）：18-31.

[199] 苏世彬，陈玉琼，李广培. 专利风险感知对技术创业绩效影响研究——基于组织控制与机会识别的中介作用 [J]. 科研管理，2023，44（3）：112-122.

[200] 孙红霞，马鸿佳. 机会开发、资源拼凑与团队融合——基于 Timmons 模型 [J]. 科研管理，2016，37（7）：97-106.

[201] 孙维. 创业警觉性、心理资本、知识共享对大学生创业决策的机理分析 [J]. 扬州大学学报（高教研究版），2016，20（1）：72-75.

[202] 孙秀梅，高德芳，宋剑锋. 创业者行业经验、资源整合与商业模式创新性 [J]. 华东经济管理，2021，35（5）：61-70.

[203] 孙永波，丁沂昕，杜双. 冗余资源、资源拼凑与创业机会识别的非线性关系研究 [J]. 科研管理，2022，43（1）：105-113.

[204] 孙宁，杜运周，陈凯薇. 混合方法研究的原理与设计：以 QCA 与多案例研究的混合为例 [J]. 南开管理评论，2024，27（9）：185-196.

[205] 苏海泉，陈曦. 创业警觉性、资源拼凑与新创企业绩效关系研究——以辽宁企业为例 [J]. 辽宁工程技术大学学报（社会科学版），2020，22（3）：199-205.

[206] 苏中兴，段佳利. 同源主观数据是否膨胀了变量间的相关性——以战略人力资源管理研究为例 [J]. 武汉大学学报（哲学社会科学版），2015，68（6）：83-92.

[207] 苏郁锋，徐劲飞. 机会识别与公司创新绩效关系研究：组织模块化水平的中介作用 [J]. 广西社会科学，2021（12）：131-137.

[208] 汤淑琴，蔡莉，陈娟艺，等. 经验学习对新企业绩效的动态影响研究 [J]. 管理学报，2015，12（8）：1154-1162.

[209] 汤淑琴，陈彪，陈娟艺. 知识共享对新企业双元机会识别的动态影响研究 [J]. 情报科学，2018，36（1）：141-146.

[210] 汤淑琴. 创业者经验、双元机会识别与新企业绩效的关系研究 [M]. 北京：经济科学出版社，2019.

［211］汤淑琴，汤培成，游艺．动态能力对科技型新企业竞争优势的影响研究［J］．东华理工大学学报（社会科学版），2024，43（4）：325-335.

［212］汤丹丹，温忠麟．共同方法偏差检验：问题与建议［J］．心理科学，2020，43（1）：215-223.

［213］汤桐，马春爱，吕桁宇．创新视角下企业资源耦合度对制造企业转型升级的影响机制［J］．技术与创新管理，2024，45（3）：242-254.

［214］田增瑞，常焙筌，杨希若．资源整合对商业模式创新贡献度评价模型研究［J］．复旦学报（自然科学版），2015，54（3）：320-326.

［215］谭云清，原海英，谭凌彤．环境不确定性、资源整合与中国 OFDI 企业国际化绩效［J］．会计与经济研究，2021，35（6）：90-105.

［216］吴亮，刘衡．失败容忍对制造企业组织敏捷性的影响机制分析——基于机会识别的中介作用［J］．科技管理研究，2024，44（9）：123-132.

［217］王娟茹，刘欣妍，任轩华．双元学习、组织韧性对企业技术创新的影响［J］．科技管理研究，2024，44（8）：1-11.

［218］王娟茹，刘洁怡．跨界搜索、组织韧性对企业绿色技术创新的影响研究［J］．科研管理，2024，45（5）：125-133.

［219］王崇锋，刘洋，许杰．合作网络视角下组织韧性对企业技术创新的影响研究——基于知识异质性的调节效应分析［J］．工业技术经济，2022，41（8）：69-76.

［220］王才．制造业数字化转型、组织韧性与企业竞争优势重构［J］．经济管理，2023，45（7）：76-93.

［221］王莉静，丁琬君．制造业企业创新过程中资源整合的影响因素与路径——基于企业生命周期的多案例研究［J］．中国科技论坛，2021（1）：95-105.

［222］王莉静，李菲菲．基于灰色关联度的中小制造企业创新资源整合影响因素研究［J］．学习与探索，2018（4）：138-143.

［223］王勇，蔡娟．企业管理者积极领导力对组织韧性的影响机制研究［J］．首都经济贸易大学学报，2021，23（2）：92-102.

［224］王勇，蔡娟．企业组织韧性量表发展及其信效度验证［J］．统计与决策，2019，35（5）：178-181.

［225］王贤梅，胡汉辉．基于社会网络的产业集群创新能力分析［J］．科学

学与科学技术管理，2009，30（12）：86-91.

[226] 王旭，朱秀梅．创业动机、机会开发与资源整合关系实证研究 [J]．科研管理，2010，31（5）：54-60.

[227] 王国红，周怡君，邢蕊．社会网络强弱关系对创新性机会识别的影响 [J]．科技进步与对策，2018，35（19）：8-14.

[228] 王国红，林欢，黄昊．数字化视角下资源编排对中小企业组织韧性的影响 [J]．科技进步与对策，2024，41（18）：77-86.

[229] 王朝云．创业机会的内涵和外延辨析 [J]．外国经济与管理，2010（6）：23-30.

[230] 王朝云，唐明月．创业学习与大学生创业机会识别关系探究——一个有调节的双中介模型 [J]．西南交通大学学报（社会科学版），2020，21（2）：42-55.

[231] 王超．创业警觉性的前因及对新创企业绩效的作用机制研究 [D]．吉林大学博士学位论文，2021.

[232] 王沛，陆琴．创业警觉性、既有知识、创业经历对大学生创业机会识别的影响 [J]．心理科学，2015，38（1）：160-165.

[233] 王庆金，周键，周雪．创业环境、创业警觉性与新创企业绩效关系研究 [J]．东岳论丛，2019，40（7）：140-148.

[234] 王转弟，马红玉．创业环境、创业精神与农村女性创业绩效 [J]．科学学研究，2020，38（5）：868-876.

[235] 王文寅，菅宇环．社会网络、资源整合及技术创新的关系：一个文献综述 [J]．经济问题，2013（11）：39-43.

[236] 王馨博，高良谋．互联网嵌入下的组织韧性对新创企业成长的影响 [J]．财经问题研究，2021（8）：121-128.

[237] 韦雪艳．影响大学生创业决策认同度与正确度的关键因素 [J]．人类工效学，2012，18（3）：27-30.

[238] 王凯，吴勇，朱卫东．开放式创新模式下企业创新资源整合能力的形成机理 [J]．科技管理研究，2018，38（1）：25-29.

[239] 汪建成，林欣．社会创业的资源整合过程——多案例研究 [J]．管理案例研究与评论，2021，14（2）：163-177.

[240] 吴亮，刘衡．失败容忍对制造企业组织敏捷性的影响机制分析——基

于机会识别的中介作用［J］.科技管理研究，2024，44（9）：123-132.

［241］吴晓波，张好雨.后发企业如何应对竞争诱发的组织危机？——基于华为追赶经验的探索性案例研究［J］.浙江大学学报（人文社会科学版），2020，50（1）：81-96.

［242］吴凌菲，吴泗宗.文化环境与创业过程的关系［J］.经济管理，2007（13）：76-80.

［243］肖冰，李从东，汤勇力.中小企业集群复杂网络的结构与其资源整合能力的关系［J］.科技管理研究，2009，29（11）：361-363.

［244］徐凤增，周键.创业导向、创业警觉性与企业成长关系研究［J］.中央财经大学学报，2016（11）：114-122.

［245］徐兴强，潘伟业，彭伟.个体-环境交互视角下大学生返乡创业意愿的激发机制——基于混合方法的研究［J］.江苏高教，2024（7）：96-106.

［246］许冠南，王彦萌，周源.创新生态系统视域下组织韧性对企业生存与成长的影响机制研究［J］.科学学与科学技术管理，2024，45（8）：17-34.

［247］尹剑峰，叶广宇，黄胜.国际化导向、国际知识吸收能力与国际机会识别关系研究［J］.科学学与科学技术管理，2021，42（8）：76-96.

［248］尹苗苗，马艳丽.不同环境下新创企业资源整合与绩效关系研究［J］.科研管理，2014，35（8）：110-116.

［249］尹苗苗，彭秀青，彭学兵.中国情境下新企业投机导向对资源整合的影响研究［J］.南开管理评论，2014，17（6）：149-157.

［250］严杰，刘人境.创业环境动态性、创业学习与创业机会识别关系研究［J］.科技进步与对策，2018，35（13）：1-7.

［251］杨特，赵文红，吕斯尧.创业者控制错觉对新创企业商业模式创新的影响研究［J］.研究与发展管理，2023，35（2）：81-96.

［252］杨蕙馨，孟丽华，冯天雨.中国情境下的企业高管与商业模式创新：来自元分析的证据［J］.济南大学学报（社会科学版），2021，31（3）：78-95.

［253］弋亚群，牛方妍，张雪丹.资源整合与新产品开发绩效——管理者威胁解释和环境动态性的调节作用［J］.研究与发展管理，2023，35（6）：125-137.

［254］颜志量，姚凯.新兴经济体天生国际化企业的机会识别研究［J］.中

国科技论坛，2022（4）：89-98.

[255] 姚梅芳，张奥，李秉泽．机会警觉性和竞争张力对组织变革策略的影响研究 [J]．技术经济与管理研究，2016（4）：3-7.

[256] 于立，王建林．生产要素理论新论——兼论数据要素的共性和特性 [J]．经济与管理研究，2020，41（4）：62-73.

[257] 于东平，王敬菲，陶文星．管理者创造力与组织绩效：创新机会识别的中介作用和积极情绪的调节作用 [J]．科技进步与对策，2021，38（19）：11-18.

[258] 易朝辉，周思思，任胜钢．资源整合能力与科技型小微企业创业绩效研究 [J]．科学学研究，2018，36（1）：123-130.

[259] 郑季良，陈白雪．制造企业转型升级的条件组态路径对比研究——企业资源视角 [J]．科技进步与对策，2020，37（6）：1-10.

[260] 朱秀梅，蔡莉，陈巍，等．新创企业与成熟企业的资源管理过程比较研究 [J]．技术经济，2008（4）：22-28.

[261] 祝振铎，李非．创业拼凑、关系信任与新企业绩效实证研究 [J]．科研管理，2017，38（7）：108-116.

[262] 赵道致，孙建勇．面向 MICK-4FI 模式的资源分类研究 [J]．软科学，2007（2）：8-11.

[263] 赵立祥，张芸笛．既有知识、创业警觉性、创造性思维对创业机会识别的影响研究 [J]．科技管理研究，2017，37（8）：193-200.

[264] 张玉利，杨俊，任兵．社会资本、先前经验与创业机会——一个交互效应模型及其启示 [J]．管理世界，2008（7）：91-102.

[265] 张奥，姚梅芳，董保宝．高管机会警觉性、组织变革策略与企业绩效——一个有调节的中介效应模型 [J]．南方经济，2017（11）：125-142.

[266] 张琳，席酉民，杨敏．资源基础理论 60 年：国外研究脉络与热点演变 [J]．经济管理，2021，43（9）：189-208.

[267] 张畅．供应链关系质量、组织韧性与制造企业竞争优势的关系研究 [D]．吉林大学博士学位论文，2023.

[268] 张璐，王岩，苏敬勤，等．资源基础理论：发展脉络、知识框架与展望 [J]．南开管理评论，2023，26（4）：246-258.

[269] 张振刚，易欢，陈雪瑶．创新网络资源整合、双元创新对制造企业创

新绩效的影响——环境不确定性的调节作用［J］．技术经济，2020，39（3）：58-65．

［270］张吉昌，龙静，王泽民．中国民营上市企业的组织韧性驱动机制——基于"资源-能力-关系"框架的组态分析［J］．经济与管理研究，2022，43（2）：114-129．

［271］张浩，孙新波，张雨，等．揭开创业机会识别的"红盖头"——基于反事实思维与机会识别的实证研究［J］．科学学研究，2018，36（2）：296-303．

［272］张静宜，李睿，陈传波．先前经验、政策支持与返乡创业机会识别［J］．调研世界，2021（9）：32-38．

［273］张明，杜运周．组织与管理研究中 QCA 方法的应用：定位、策略和方向［J］．管理学报，2019，16（9）：1312-1323．

［274］张强，白裕，张璐，等．从"个体韧性"到"系统韧性"：企业韧性层级生成逻辑、知识框架与未来展望［J］．科学学与科学技术管理，2024，45（10）：40-55．

［275］张秀娥，滕欣宇．组织韧性内涵、维度及测量［J］．科技进步与对策，2021，38（10）：9-17．

［276］张秀娥，徐雪娇．创业学习对新创企业成长的影响机制研究［J］．管理科学，2019，32（6）：86-97．

［277］张秀娥，杨柳．组织韧性对中小企业成长的影响——基于双元学习和组织惯例更新的链式中介作用［J］．武汉大学学报（哲学社会科学版），2024，77（5）：111-122．

［278］张秀娥，王超．创业警觉性、创业机会识别与创业成功［J］．苏州大学学报（哲学社会科学版），2019，40（2）：99-108．

［279］张秀娥，王超．成就需要对创业意向的影响——风险倾向和创业警觉性的双重中介作用［J］．软科学，2019，33（7）：34-39．

［280］张爱丽．潜在企业家创业机会开发影响因素的实证研究——对计划行为理论的扩展［J］．科学学研究，2010，28（9）：1405-1412．

［281］张红，葛宝山．创业机会识别研究现状述评及整合模型构建［J］．外国经济与管理，2014，36（4）：15-24．

［282］张公一，张畅，刘思雯．环境不确定情境下组织韧性影响路径、作用

机制与应对策略研究［J］. 科技进步与对策，2023，40（2）：20-29.

［283］张公一，孙晓欧. 科技资源整合对企业创新绩效影响机制实证研究［J］. 中国软科学，2013（5）：92-99.

［284］周浩，龙立荣. 共同方法偏差的统计检验与控制方法［J］. 心理科学进展，2004（6）：942-950.

［285］张梦桃，张生太. 关系网络对组织韧性的影响——双元创新的中介作用［J］. 科研管理，2022，43（7）：163-170.

［286］余维臻，李文杰. 在线社交网络互动有助于创业机会的识别吗——基于网络信任双维度视角［J］. 经济理论与经济管理，2020（5）：86-99.

［287］赵沁娜，王姗姗. VUCA 时代探寻组织韧性的驱动要素——基于"环境-组织-个人"框架的扎根理论分析［J］. 管理案例研究与评论，2024，17（4）：580-598.

［288］曾五一，黄炳艺. 调查问卷的可信度和有效度分析［J］. 统计与信息论坛，2005，20（6）：11-15.

［289］赵静杰，王军，王特. 基于 Timmons 三要素理论的创业者竞争情报分析模型构建［J］. 情报科学，2019，37（10）：140-145+169.

附录 A　非必要条件的 NCA 散点图

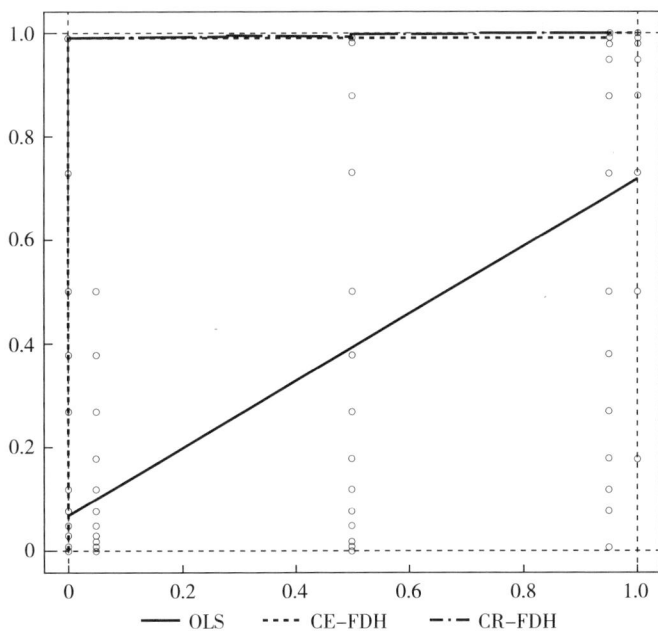

附图 1　关联与连接 NCA 散点图

资料来源：R 语言 4.4.1 的必要条件分析结果。

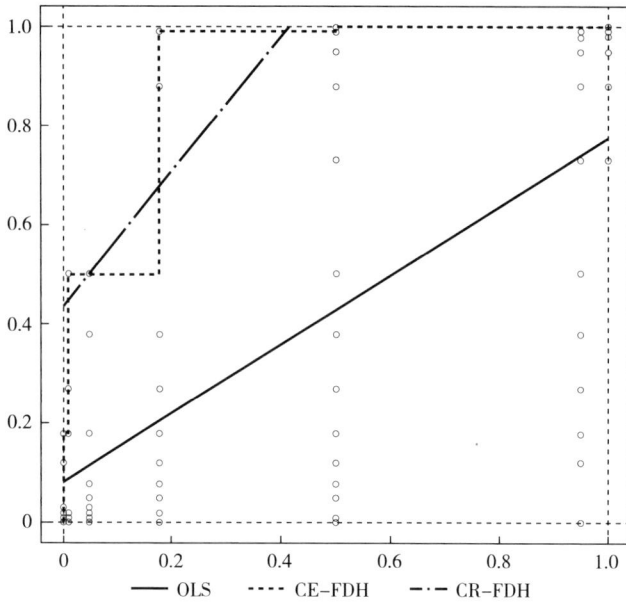

附图 2　评估与判断 NCA 散点图

资料来源：R 语言 4.4.1 的必要条件分析结果。

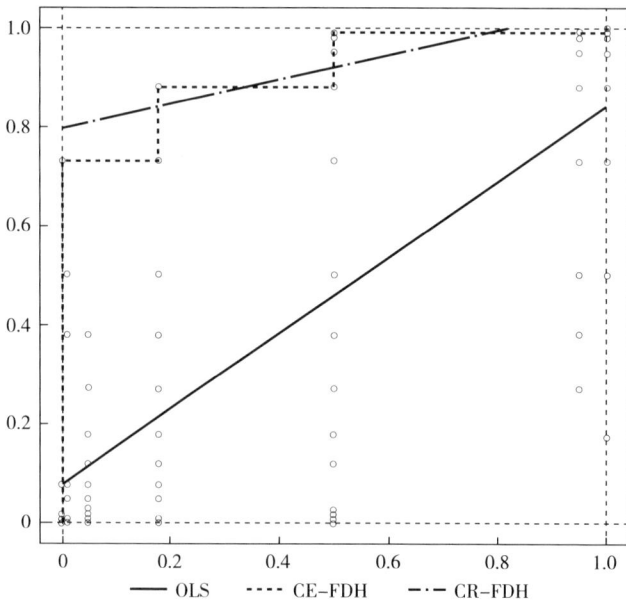

附图 3　资源内聚 NCA 散点图

资料来源：R 语言 4.4.1 的必要条件分析结果。

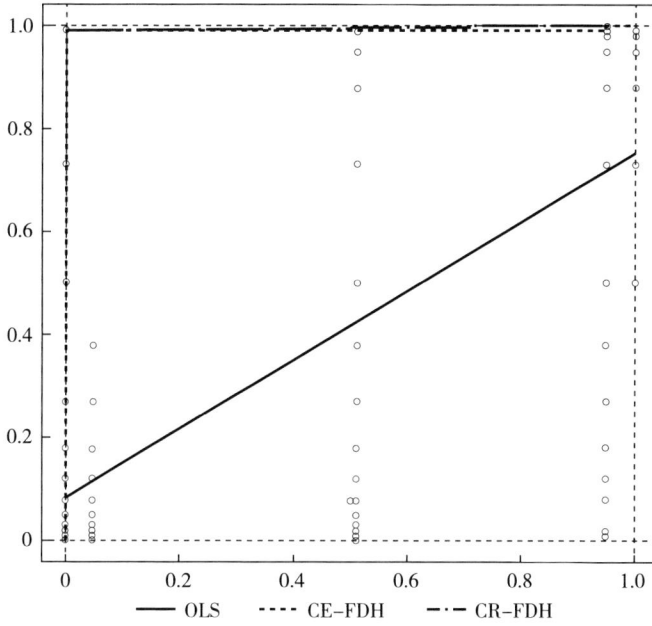

附图 4　盈利性识别 NCA 散点图

资料来源：R 语言 4.4.1 的必要条件分析结果。

附录 B　调查问卷

受国家自然科学基金委的支持，本问卷针对创业警觉性、机会识别、资源整合以及新企业组织韧性等情况进行调查。感谢您能抽出宝贵时间填写问卷。问卷完全用于科学研究，增进管理研究领域知识的同时为政策制定提供参考。非常希望您能填写问卷的全部问题。我们郑重承诺，将会对所有调研数据保密。如果您对调研的结果感兴趣，请留下您的联系方式。研究完成后，我们会将结果发送给您。

一、贵公司基本情况（请您根据企业或自身的实际情况进行填写）

1. 注册时间：_____年_____月
2. 注册资本：_____（万元）
3. 员工人数
□1~20 人　　　　□21~50 人　　　□51~200 人　　　□201~500 人
□501~1000 人　□1000 人以上
4. 产权类型
□国家/集体所有制　　　　　□外资企业
□合资企业　　　　　　　　□股份制企业
□私营企业　　　　　　　　□其他
5. 行业类型
□信息传输、计算机服务和软件业　□互联网金融
□数字媒体设备制造　　　　　　　□智能交通和智能物流
□智能设备制造　　　　　　　　　□数字产品租赁和服务
□其他制造业　　　　　　　　　　□互联网批发零售和数字产品零售
□其他

二、创业者的基本背景情况（如果您不是贵公司的创业者，某些信息请根据您对创业者的了解并结合本公司的情况填写）

1. 教育程度

□中专及以下　　　□大专　　　　　□本科　　　　　□硕士

□博士及以上

2. 性别

□男　　　　　　　□女

3. 年龄

□29 岁及以下　　□30～40 岁　　　□41～50 岁　　　□51 岁及以上

4. 创业前曾经是（允许多选）

□政府/事业单位员工　　　　　　　□外资企业员工

□大学/科研机构研究员　　　　　　□合资企业员工

□国有企业员工　　　　　　　　　□私营企业员工

□农民　　　　　　□学生　　　　　□待业　　　　　□其他

5. 创业前是否曾经创办（独自创办或与他人合作）其他公司

□是　　　　　　　□否

创建次数：_____（选择"是"的填此项）

6. 除了创办本企业外，是否同时创办其他企业

□是　　　　　　　□否

三、请您根据企业或自身的具体情况进行评价（"1"表示完全不符合，"5"表示完全符合）

1. 请您对贵公司高层领导在公司经营过程中所表现出的行为表述进行评价

101. 定期阅读新闻、杂志或贸易出版物以获取新信息

102. 经常与其他人互动以获取新信息

103. 每天都上网并获取新信息

104. 在寻找信息时，始终密切关注新的商业创意

2. 请您对贵公司高层领导在公司经营过程中所表现出的行为表述进行评价

201. 经常把不同的信息联系起来，发现它们之间新的或者刚出现的关系

202. 发现看似无关的信息之间的联系

203. 经常发现以前没有关联的信息系统之间的联系

204. 擅长发现不同信息之间的"关联点"

3. 请您对贵公司高层领导在公司经营过程中所表现出的行为表述进行评价

301. 对潜在的机会有一种直觉

302. 可以区分有利可图的机会和无利可图的机会

303. 在面对多个机会时，我可以选择出更好的机会

304. 能判断出什么样的机会是有很高经济价值的机会

4. 请判断以下陈述与企业实际情况的符合程度

401. 对相同类型资源的整合促进了公司人才的专业化水平

402. 利用相同类型的资源整合促进了本部门任务的完成

403. 对相同类型资源的整合提升了企业的整体效率和效能

404. 对创业者个体资源的整合提升了企业人力资源水平

5. 请判断以下陈述与企业实际情况的符合程度

501. 对不同类型资源的整合促进了公司复合型人才的发展

502. 对不同类型资源的整合促进了跨部门合作开展工作

503. 企业有将无形资源与有形资源整合起来发挥作用的经验

504. 对不同类型资源的整合促进了跨部门工作交流与沟通

6. 请判断以下陈述与企业实际情况的符合程度

601. 企业识别创业机会可操作性很强

602. 企业识别创业机会具有独特性，产品不易被模仿

603. 企业识别创业机会在市场上具有较强的竞争优势

7. 请判断以下陈述与企业实际情况的符合程度

701. 企业识别创业机会带来的产品/服务能够为企业带来较高的收益和回报

702. 企业识别创业机会带来的产品/服务能够持续为企业带来利润

8. 请判断以下陈述与企业实际情况的符合程度

801. 企业能够成功地从项目中汲取教训，并确保这些教训被贯彻到未来项目中

802. 企业能够迅速从一切照旧的模式转变为危机应对模式

803. 企业在危机发生时，能快速获得应对意外事件所需的资源

804. 企业在危机发生时，具有随机应变和创造性解决问题的能力

805. 企业员工知道组织会多快受到意外和潜在负面事件的影响

806. 企业主动监控其行业中正在发生的情况，以便对新出现的问题做出预警

807. 企业已经准备好应对紧急情况，并准备好利用不可预见的机会

808. 企业不仅能观察与识别环境实际变化和即将到来的危机，还关注未来潜在的危机

809. 企业意识到各部门的运作效果是相互影响的

8010. 企业了解成功运营所需的最低资源水平

8011. 企业能随时调配相关人员来弥补关键员工的空缺

后　记

随着全球经济和社会环境的快速变化，易变性、不确定性、复杂性、模糊性（VUCA）经营环境为新企业增添了更多的不确定和不稳定因素，为了在这样不稳定的经营环境中生存和发展，新企业亟须增强自身的风险抵御能力，有效地应对逆境和危机，快速反弹恢复，甚至利用从危机中发现的机遇来促进未来的发展。实践观察发现，一些新企业抵御风险的能力较差，与之相反，也有少数企业通过积极布局，努力提升自身的组织韧性，在竞争优势构建方面取得了显著的成效。因此，本书研究采用模糊集定性比较分析方法（fsQCA），探讨新企业如何在VUCA特征显著的经营环境中破解资源匮乏、知识不足等挑战，系统、多层次地分析创业警觉性、资源整合以及机会识别对新企业组织韧性的组态效应，丰富和扩展了组织韧性的相关研究，也为VUCA情境下新企业组织韧性的构建提供了理论依据与实践指导。

本书出版得到了国家自然科学基金项目"创业型领导对新企业组织韧性的影响机制：基于情绪传染的多层次研究"（编号：72262001）、国家自然科学基金青年项目"突破习惯领域：基于创业学习过程的创业者经验对新创企业双元机会识别和绩效的影响机理研究"（编号：71602028）的联合资助。

本书在撰写过程中，得到了东华理工大学数字经济与资源管理学院各位同仁和学校其他相关部门的鼎力支持，以及各位创业者们在数据收集过程中给予的大力帮助。同时我的研究生匡幸紫、李胜霖参与了文献资料查找、整理和书稿校对等方面的工作。在此表示衷心的感谢！

由于笔者才疏学浅，未免有不当之处，敬请包涵并提出宝贵意见。

汤淑琴

2025 年 6 月于江西南昌